헌법재판소의 '결정'과 대법원의 '판결'

우리 사회를 바꾼
결정과 판결

세계는 내 친구 시리즈 3

법을 심판하다,
헌법재판소의 결정

헌법재판소의 '결정'과 대법원의 '판결'

우리 사회를 바꾼
결정과 판결

사회를 심판하다,
대법원의 판결

박동석 글

하마

법과 판결을 생각하다

현재를 살아가고 있는 우리는 법이 없는 세상은 상상하기 어려울 거예요. 물론 한 번쯤 상상할 수도 있겠지만 법은 반드시 필요하다는 결론에 도달할 거예요. 그만큼 법은 우리와 떼려야 뗄 수 없는 관계에 놓여 있지요.

분쟁이나 갈등이 있을 때 법은 언제나 그 일에 관여하여 중재하는 역할을 했어요. 법이 있었기 때문에 우리 사회는 좀 더 평화롭게, 좀 더 공정하게 발전할 수 있었지요.

많은 사람들이 법은 늘 옳고, 공정하며, 정의롭다고 알고 있어요. 하지만 또 많은 사람들은 법이 공정하지 못하다고 말해요. 법이 공정하지 못하다는 사람들은 어떤 이유에서 그렇게 말하는 걸까요? 아마도 그들은 법 자체의 문제보다는 그 법을 적용하여 판결하는 사람들에게 문제가 있었기 때문에 그렇게 생각했을 수도 있어요. 과거에는 권력의 눈치를 보거나 개인적인 이해관계에 따라 판결하는 경우가 있었기 때문이지요.

그렇다면 법(법률) 자체는 아무런 문제가 없었던 걸까요? 많은 사람들이 그렇게 생각하고 있을 거예요. 만약 우리 사회를 지탱해 주는 법(법률)에 문제가 있다면 어떻게 될까요? 법에 문제가 있는데, 그것을 올바르게 적용하여 판결한다는 것이 과연 의미가 있을까요?

실제로 우리가 공정하고 정의롭다고 생각했던 법이 그렇지 않았던 경우가 있었어요. 잘못된 법은 결국 공정하지 못한 결과를 초래할 수밖에 없어요. 그래서 우리 사회는 잘못된 법을 심판하여 올바른 법이 될 수 있도록 제도적인 장치를 마련했어요. 그 제도가 바로 '헌법재판소'의 탄생이에요. 헌법재판소는 쉽게 말해 '법을 심판하는 곳'이에요. 사회의 안전과 질서 유지를 위해 만든 법이 공정한지, 아무런 문제가 없는지 심판하여 올바른 법이 될 수 있게 하는 곳이지요. 헌법재판소의 탄생으로 우리 사회는 보다 정의롭고, 보다 공정한 사회가 되었다고 말할 수 있어요.

법은 시대를 반영하기 때문에 변화된 사회에 맞지 않는 경우도 있었어요. 또 과거 독재 정권 아래서는 권력을 유지하기 위해 공정하지 못한 법률이 만들어지기도 했지요. 만약 법을 심판하는 헌법재판소가 없었다면 그런 법률이 아직까지 우리 사회에 남아서 우리 삶을 불행하게 만들었을지도 몰라요.

지금 우리는 법과 헌법재판소가 있기 때문에 과거보다 더 공정하고 정의로운 사회에 살고 있어요. 한 사람의 인생을, 한 사회의 운명을 결정하는 데 매우 중요한 역할을 하는 것이 바로 법과 그 판결이에요. 또한 우리 사회가 더 공정하고 정의로운 사회가 되기 위해서는 법을 올바르게 적용하여 판결하는 것도 중요하지만 그 법의 공정성을 판단하는 헌법재판소의 역할도 매우 중요하다고 할 수 있지요.

이 책에서는 우리 사회를 변화시킨 헌법재판소의 '결정'과 대법원의 '판결'을 함께 알아보았어요. 헌법재판소는 법을 더욱 공정하게 만들었고, 법은 우리 사회를 더욱 정의롭게 만들었지요. 그럼 우리 사회를 바꾼 헌법재판소의 결정과 대법원의 판결에는 어떤 것들이 있었는지 지금부터 알아볼까요?

2021년 10월
박동석

차례

제2장　사회를 심판하다, 대법원의 판결

판결과 결정

판결
- 소송을 진행하고 있는 법원이 소송 절차를 종결시키는 재판의 원칙적 형식.
- 검사, 변호사 등이 직접 법정에 출석하여 구두 변론을 하는 것이 원칙.
-변론을 통하여 사실 관계를 판단하는 것.

결정
- 소송을 진행하고 있는 법원이 종결 판결 전에 내리는 재판의 기본 형식.
- 변론 절차가 임의적이기 때문에 피고인 출석 없이도 재판 가능.
  (보석 허가 결정, 이의 신청 결정 등)
-이미 있는 사실 관계를 법령 해석을 통하여 판단하는 것.

헌법재판소의 판단은 '결정' : 헌법재판소는 청구서에 기재된 사실 관계를 헌법 해석을 통하여 위헌 여부만 판단하기 때문에 '결정'이라고 함.

법을 심판하다, 헌법재판소의 결정

제1장

01

영화 사전 심의는
사회 질서 유지를 위해 필요한가?

① **심판 법률** :「영화법」제12조 제1항 : 영화는 그 상영 전에 공연법에 의하여 설치된 공연윤리위원회의 심의를 받아야 한다.「영화법」제12조 제2항 : 제1항의 규정에 의한 심의를 필하지 아니한 영화는 이를 상영하지 못한다.

② **심판 의뢰 시기** : 1993년

③ **결정 시기** : 1996년 10월 4일[헌법재판소 1996년 10월 4일 선고, 93헌가13·91헌바10(병합) 결정]

④ **결정** :「영화법」제12조 제1항, 제2항은 헌법에 위반된다.

1 │ 심판 의뢰 이유와 결정

이야기 읽기

◆**검사** : 모든 영화는 상영 전에 공연윤리위원회의 심의를 받아야 하는데, 당신은 이를 지키지 않았습니다.

◆**영화감독** : 이번에 제가 만든 영화는 정부 비판적인 내용이 담겨 있습니

다. 심의를 받으면 상영 불가 결정을 받았을 것입니다. 그냥 상영할 수밖에 없었습니다.

◆**검사** : 그렇다 하더라도 심의를 받지 않고 상영했기 때문에 「영화법」 위반입니다.

◆**영화감독** : 헌법에는 언론·표현의 자유를 보장하고 있습니다. 또한 언론·출판에 대해 허가나 검열을 금지하고 있습니다. 영화를 상영 전에 심의하는 것은 명백한 사전 검열이기 때문에 헌법에 위반됩니다. 헌법 소원을 제기하겠습니다.

여러분은 지금 많은 자유를 누리고 있다고 생각하나요? 아마도 그렇게 생각하는 친구가 많을 거예요. 헌법에도 그 자유를 보장하고 있으니까요. 지금 우리는 만들고 싶은 노래가 있으면 마음대로 만들어 발표할 수 있고, 정부를 비판하는 영화도 만들어 발표할 수 있는 시대에 살고 있어요.

하지만 과거에는 이렇게 마음대로 노래나 영화를 만들 수 없었어요. 정부의 검열을 받았기 때문이에요. 과거 독재 정권 아래서는 마음대로 할 수 있는 일이 많지 않았어요. 특히 정부를 비판하거나 사회를 부정적으로 바라보는 노래나 영화는 사전에 검열하여 발표할 수 없게 했어요. 독재 정권은 자신들의 정권을 유지하는 데 방해가 된다고 여기면 이유를 막론하고 처벌했어요. 많은 문화 예술인이 이런 처벌 때문에 자유롭게 창작물을 발표할 수 없었어요.

대표적인 사건이 1976년 6월에 정부가 발표한 '공연물 및 가요 정화 대

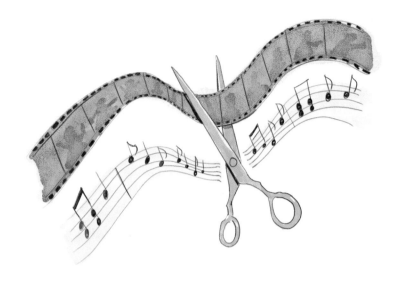

책'이에요. 정부는 국가 안전 유지와 공공질서, 사회 질서 유지를 위해 많은 공연물을 사전 검열하여 금지시켰어요. 이때 국내 가요와 외국 노래 수백 곡이 금지 판정을 받았어요.

금지 이유는 그야말로 황당했어요. 가수 한대수가 부른 「행복의 나라로」라는 노래가 있어요. 행복의 나라로 가고 싶다는 소망을 담은, 지극히 평범하면서도 소박한 소망을 담고 있는 노래였어요. 그런데 정부는 이 노래가 현실이 행복하지 않다는 것을 의미한다는 이유로 금지곡 판정을 내렸어요. 독재 정권은 자신들이 지배하는 세상이 행복하지 않다는 것에 기분이 상했던 거지요. 한마디로 모든 부정적인 노래를 금지시킨 어처구니없는 일이었어요.

이런 심의 제도는 1990년대 초반까지 이어졌어요. 그러다가 독재 정권이 물러나고 민주주의가 조금씩 싹트기 시작한 1990년대 초·중반부터는 음반이나 영상물에 대한 사전 심의 제도를 폐지해야 한다는 목소리가 높아졌어요.

1990년대 초에 가수 정태춘은 음반 사전 심의 제도 폐지를 위해 많은 노력을 기울였어요. 그 결과 1995년에는 음반의 사전 심의를 폐지하는 법률 개정안이 국회를 통과했고, 1996년 6월에 발효되었어요. 이때부터 가수들은 자유롭게 노래를 만들어 발표할 수 있게 되었지요.

음반과 마찬가지로 영화 사전 심의 제도에 대해서도 비판의 목소리가 높아졌고, 사전 심의 제도를 규정하고 있는 「영화법」이 위헌이라는 소송이 제기되었어요.

1989년 A씨는 5·18 민주화 운동을 소재로 만든 독립영화 「오, 꿈의 나라」를 상영하기 전에 공연윤리위원회의 심의를 받지 않았다는 이유(「영화법」 제12조 제1항 위반)로 재판을 받게 되었어요.

A씨는 재판을 받던 중 「영화법」 제12조 제1항과 제2항이 사전 검열을 금지하고 있는 헌법 제21조 제2항에 위반된다며 '위헌법률심판 제청'을 신청했어요. 위헌법률심판 제청이란 법원에서 재판 중인 소송 사건에서 그 사건에 적용될 수 있는 법률이 헌법에 위반되는지의 여부를 결정하도록 헌법재판소에 요청하는 제도를 말해요. 헌법 제21조 제2항에서는 '언론·출판에 대한 허가나 검열과 집회·결사에 대한 허가는 인정되지 아니한다.'고 규정하고 있어요.

하지만 법원은 이 신청을 기각했어요. 이에 A씨는 1991년 헌법재판소에 헌법 소원을 제기했어요. 헌법 소원이란 기본권을 침해받은 국민이 직접 헌법재판소에 그 권리를 구제해 주도록 청구하는 제도를 말해요.

법을 심판하는 헌법재판소

　헌법재판소가 A씨의 헌법 소원을 심의하던 중, 1992년 B씨는 해직 교사 문제를 다룬 영화 「닫힌 교문을 열며」를 사전 심의 없이 상영하여 재판을 받게 되었어요. B씨 또한 「영화법」 제12조 제1항이 사전 검열을 금지하고 있는 헌법 제21조 제2항에 위반된다며 위헌법률심판 제청을 신청했어요. 법원은 이를 받아들여 「영화법」이 헌법에 위반되는지 결정해 줄 것을 헌법 재판소에 요청했어요.

　헌법재판소는 두 사건을 병합하여 심의했어요. 1996년 10월 4일, 헌법재 판소는 재판관 전원 일치 의견으로 「영화법」 제12조 제1항과 제2항에 대 해 헌법에 위반된다는 결정을 내렸어요. 헌법재판소가 위헌 결정을 내린 이유는 두 조항이 헌법 제21조 제2항에서 금지하고 있는 사전 검열에 해당 된다고 판단했기 때문이에요.

헌법에서는 언론·출판의 자유, 학문·예술의 자유를 보장하고 있으며, 이에 대해 사전 검열도 금지하고 있어요. 헌법에서 사전 검열을 금지하는 것은 검열제가 허용되면 국민의 독창적이고 창의적인 예술 활동이 침해받을 수 있고, 정부 비판적인 내용은 삭제될 수 있기 때문이에요.

헌법재판소는 영화는 의사 표현 및 학문과 예술 표현의 수단이기 때문에 영화의 제작 및 상영은 당연히 언론·출판의 자유, 학문·예술의 자유를 규정하고 있는 헌법에 의해 보장받아야 하고, 사전 검열도 받지 않아야 된다고 판단했어요.

헌법재판소는「영화법」의 사전 심의 규정은 명백한 사전 검열에 해당된다고 판단했어요. 공연윤리위원회가 영화 상영 이전에 내용을 심사하고, 심의 기준에 적합하지 않으면 상영 금지가 되며, 이를 어길 경우 처벌되기 때문이에요.

「영화법」에 대한 위헌 결정이 내려지자 영화인들과 문화계는 예술의 자유와 언론의 자유를 신장시킨 결정이라며 환영했고, 일부에서는 음란물과 폭력물을 제재하기 어려워졌다고 비판했어요.

2 | 결정에 대한 다른 생각

영화 사전 심의 제도는 헌법재판소가 위헌 결정을 내리기 전부터 많은 문제점을 안고 있던 법률이었어요. 왜냐하면 사전 심의 제도가 독재 정권의 산물이라는 인식이 강했기 때문이에요. 독재 정권은 자신들에게 유리한 여론만 조성하기 위해 음반이나 영상물에 대한 사전 심의 제도를 시행했던 거예요.

그렇다고 영화 사전 심의 제도가 그런 목적만 있는 건 아니었어요. 선정성과 폭력성이 높은 영상물을 사전에 차단하여 건전한 예술 문화를 만들자는 의미도 있었어요. 특히 청소년들이 선정적이고 폭력적인 영상물을 접하지 못하게 막는 것은 상당히 중요한 일이었어요.

영화는 일단 상영되고 나면 그 파급 효과가 상당히 컸고, 상영된 후에는 효율적인 규제 방법이 마땅치 않았어요. 그런 까닭에 상영 전에 심의하여 차단하는 것이 중요했어요.

만약 사전 심의 제도가 없다면 어떻게 될까요? 음란물과 폭력물이 그대로 우리 사회에 노출되어 청소년들의 인격 형성에 매우 나쁜 영향을 줄 수밖에 없어요. 어디 청소년뿐일까요? 이는 성인들에게도 매우 나쁜 영향을 끼쳐 우리 사회가 점점 더 암울해질 수 있어요.

합리적인 이성을 가진 성인이라도 장시간 비상식적인 폭력물에 노출되면 자신도 모르게 폭력적으로 변할 수 있어요. 이러한 문제 때문에 사전 심의 제도가 필요하다는 거예요.

영화 사전 심의 제도는 건전한 예술 문화를 만들기 위한 최소한의 장치이며, 사회 질서 유지를 위해서도 반드시 필요한 제도라고 할 수 있어요.

3 | 결정을 바라보는 눈

「영화법」은 1962년 1월에 제정되었어요. 그동안 여러 차례 개정 과정을 거쳤지만 사전 심의 제도는 바뀌지 않고 그대로 남아 있었어요. 1990년대가 되어서야 비로소 폐지를 주장하는 목소리가 높아졌어요.

국회도 이런 사회 분위기를 알고 있었기 때문에 1995년 12월 「영화법」을 대신할 「영화 진흥법」을 제정했어요.

「영화 진흥법」에서는 '영리를 목적으로 영화를 제작, 수입, 배급, 상영하는 영화업 종사자가 되기 위해서는 문화관광부 장관에게 신고해야 하고, 영화는 원칙적으로 상영 전에 영상물등급위원회로부터 상영 등급을 부여받은 후에 상영할 수 있다.'고 규정하고 있어요.

이 법의 시행으로 「영화법」에서 규정한 영화 사전 심의 제도는 없어졌지만 새롭게 등급 분류 제도가 생겼어요. 그런데 모든 영화는 반드시 사전에 등급 분류를 받아야 상영할 수 있기 때문에 결과적으로 사전 심의를 받는 것이나 다름없었어요.

「영화 진흥법」에서는 모든 영화를 '전체 관람가, 12세 관람가, 18세 관람가, 상영 등급 분류 보류' 등 네 가지 등급으로 분류했어요. 그런데 상영 등급 분류 보류 판정을 받은 영화는 결국 상영할 수 없었기 때문에 사전 검열이라는 비판이 제기되었어요.

「영화 진흥법」 제21조 제4항에는 '헌법의 민주적 기본 질서에 위배되거나 국가의 권익을 손상할 우려가 있을 때, 폭력이나 음란 등의 과도한 묘사로 미풍양속을 해치거나 사회 질서를 문란하게 할 우려가 있을 때, 국제적

외교 관계, 민족의 문화적 주체성 등을 훼손하여 국익을 해할 우려가 있을 때는 상영 등급의 분류를 보류할 수 있다.'고 규정해 놓았어요.

헌법재판소는 사전 심의 제도에 대해서는 위헌 결정을 내렸지만 「영화 진흥법」에서 규정한 영화 등급 분류 제도에 대해서는 사전 검열이 아니라고 판단했어요. 헌법재판소가 이런 판단을 한 것은 검열 금지의 원칙이 모든 영화에 대한 사전 심사를 금지하는 것은 아니라고 보았기 때문이에요.

헌법재판소는 심의 기관에서 허가 절차를 통해 영화의 상영 여부를 최종 결정하도록 하는 것은 검열에 해당하지만 청소년에게 부적절한 내용을 유통 단계에서 효과적으로 관리할 수 있도록 미리 등급을 심사하는 것은 사전 검열이 아니라고 판단한 거예요.

하지만 상영 등급 분류 보류 판정을 받으면 결국 영화는 상영할 수 없었어요. 이에 영화인들은 상영 등급 분류 보류를 규정하고 있는 「영화 진흥법」 제21조 제4항에 대해 위헌법률심판 제청을 신청했어요. 법원은 이 청구를 받아들여 2000년 8월 헌법재판소의 결정을 요청했어요.

2001년 8월 30일, 헌법재판소는 「영화 진흥법」 제21조 제4항에서 규정하고 있는 상영 등급 분류 보류 제도는 우리 헌법이 절대적으로 금지하고 있는 사전 검열에 해당되므로 헌법에 위반된다고 결정했어요.

헌법재판소의 상영 등급 분류 보류 제도에 대한 위헌 결정으로 「영화 진흥법」도 개정의 운명을 피할 수 없게 되었어요. 2006년 4월, 국회는 「영화 진흥법」을 대체할 법률인 「영화 및 비디오물의 진흥에 관한 법률」을 제정했어요. 현재 모든 영화는 이 법률에 의해 '전체 관람가, 12세 이상 관람가, 15세 이상 관람가, 청소년 관람 불가, 제한 상영가' 등 다섯 등급으로 분류

되어 상영되고 있어요.

헌법재판소의 두 차례 결정으로 영화 사전 심의 제도와 상영 등급 분류 보류 제도는 모두 사라졌어요. 과거보다는 표현의 자유가 많이 보장되었다고 할 수 있지만 아직까지 많은 영화인은 영화의 상영 등급 분류 제도가 표현의 자유를 침해한다고 주장하고 있어요. 왜냐하면 모든 영화는 사전에 등급 분류 판정을 받아야 하고, 등급

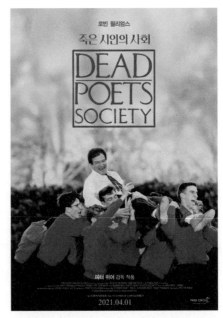

2021년 4월 재개봉되면서 '12세 이상 관람가' 등급을 받은 영화 〈죽은 시인의 사회〉

분류 판정을 받지 않은 영화는 상영할 수 없기 때문이에요.

하지만 일부에서는 선정성이나 폭력성이 지나친 영화는 청소년에게 나쁜 영향을 미칠 수 있기 때문에 등급 분류 제도가 필요하다고 주장하고 있어요.

영화 사전 심의 제도와 영화 등급 분류 보류 제도의 폐지는 우리 사회를 어떻게 변화시켰을까요? 우리 사회를 더 자유롭게, 더 풍요롭게, 더 창의적으로 만들었다고 생각하나요? 이 물음에 대한 대답은 각자 다르겠지만 큰 차이는 없을 거라고 생각해요. 영화는 현재 사회의 모습을 반영하고, 또 그것으로 사회를 좀 더 나은 방향으로 이끌어 간다고 믿고 있기 때문이지요.

정리 노트

▶ 헌법 제21조 제1항 : 모든 국민은 언론·출판의 자유와 집회·결사의 자유를 가진다.

▶ 헌법 제21조 제2항 : 언론·출판에 대한 허가나 검열과 집회·결사에 대한 허가는 인정되지 아니한다.

▶ 헌법재판소는 「영화법」에서 규정한 '사전 심의 제도'(1996년 10월 4일 위헌 결정)와 「영화 진흥법」에서 규정한 '등급 분류 보류 제도'(2001년 8월 30일 위헌 결정)는 사전 검열에 해당되므로 헌법에 위반된다고 결정했다.

▶ 「영화법」과 「영화 진흥법」은 2006년 4월에 제정된 「영화 및 비디오물의 진흥에 관한 법률」로 대체되었고, 현재 모든 영화는 이 법률에 의해 '전체 관람가, 12세 이상 관람가, 15세 이상 관람가, 청소년 관람 불가, 제한 상영가' 등 다섯 등급으로 분류되어 상영되고 있다.

02

왜 동성동본인 사람들은
결혼을 금지당해야 했는가?

① **심판 법률** : 「민법」 제809조 제1항 : 동성동본인 혈족 사이에서는 혼인하지 못한다.

② **심판 의뢰 시기** : 1995년

③ **결정 시기** : 1997년 7월 16일 (헌법재판소 1997년 7월 16일 선고, 95헌가6 결정)

④ **결정** : 「민법」 제809조 제1항은 헌법에 합치되지 아니한다.

1 │ 심판 의뢰 이유와 결정

이야기 읽기

◆**박갑순** : 갑돌 씨, 우리 언제 결혼할 거예요?

◆**박갑돌** : 갑순 씨, 우리 두 사람은 동성동본(밀양 박씨)이라서 결혼할 수가 없어요.

◆**박갑순** : 동성동본이라서 결혼할 수 없다니요? 그런 게 어디 있어요?

◆**박갑돌** : 마음은 아프지만 우리나라 법이 그렇기 때문에 어쩔 수 없어요.

◆**박갑순** : 그냥 몰래 결혼해서 살면 안 되나요?

◆**박갑돌** : 그렇게 할 수는 있지만 우리가 아이를 낳아도 출생 신고조차 할 수가 없어요. 갑순 씨, 우리는 사랑하지만 헤어질 수밖에 없는 운명이 에요.

'동성동본은 결혼할 수 없다.'

여러분은 이 말이 무슨 뜻인지 잘 모를 수도 있을 거예요. 우리나라 사람은 누구나 성씨(姓氏)가 있는데, 성씨는 '본(本)'과 '성(姓)'으로 구성되어 있어요. 여기서 본은 '본관(本貫)'을 말하는데, 본관은 시조(한 겨레나 가계의 맨 처음인 조상)가 태어난 곳을 이르는 말이에요. 우리나라에서 가장 많은 성씨는 '김해 김씨'인데, 여기서 '김해'가 바로 본관을 말하는 거예요.

동성동본이라 함은 성과 본관이 같은 경우를 말하는데, 과거에 우리나라 사람들은 성과 본관이 같으면 결혼할 수 없었어요. 그러니까 결혼할 남자와 여자가 같은 '김해 김씨'인 경우 결혼할 수 없었다는 이야기예요.

지금 여러분에게는 말도 안 되는 소리로 들리겠지만, 1997년에 헌법재판소의 결정이 나오기 전까지 동성동본은 법적으로 결혼할 수가 없었어요. 지금 여러분 중에는 자신의 본(본관)이 어디인지 모르는 경우도 있을 거예요. 그만큼 지금은 자신의 본이 어디인지가 중요하지 않은 사회가 되었지만 과거에는 자신의 본이 어디인지가 굉장히 중요했어요. 사랑하는 사람과의 결혼을 결정하는 데 중요한 요건이었기 때문이지요.

동성동본 금혼 규정이 만들어진 것은 친척 간에는 결혼할 수 없다는 전통적인 가치관 때문이었어요. 같은 혈족끼리의 결혼은 도덕적으로 문제가

모시는 글

저희 두 사람이 결혼하게 되었습니다. 오셔서 축복해 주시면 감사하겠습니다.

신랑 : 김 철 수
신부 : 김 영 희

1999년 1월 1일 오전 11시

철수와 영희가 김해 김씨였다면, 두 사람은 1997년 이전에는 법적으로 결혼할 수 없었어요.

있다고 여긴 거지요. 물론 이런 생각이 가까운 친척 간에는 어느 정도 일리가 있었어요. 하지만 얼굴도 모르는 사람인데, 동성동본이라는 이유로 혈족이라고 하는 건 문제가 있었지요.

우리나라에서 가장 많다고 하는 '김해 김씨'는 무려 400만 명이 넘는다고 해요. 현재 부산광역시 전체 인구(약 340만 명)보다 많은 사람들이 과거에는 혈족이라는 이유로 결혼할 수 없었던 거예요.

그렇다면 동성동본인 사람들은 결혼하지 않았을까요? 정말 사랑하는데, 동성동본이라는 이유 때문에 결혼을 포기했을까요? 물론 이런 이유로 결혼을 포기한 사람도 있었지만 결혼한 사람도 많았어요. 사랑의 위대함이라고 할까요?

법적으로는 결혼할 수 없었던 동성동본인 사람들은 어떻게 결혼한 걸까요? 그들은 결혼을 했어도 법적으로는 부부가 아니었어요. 결혼하여 같은 집에 살아도 부부가 아니라 동거인밖에 될 수 없었어요. 둘 사이에 자식이 태어나도 출생 신고조차 할 수 없었지요. 법보다는 사랑을 택했지만 그들은 사회적으로 많은 어려움과 고통을 겪을 수밖에 없었어요.

여러분에게 질문 하나를 해 볼게요. 여러분에게 사랑하는 사람이 있다고 가정해 보세요. 두 사람은 결혼하여 행복하게 살자고 약속했는데, 어느 날 동성동본이라는 사실을 알았어요. 법적으로 결혼할 수 없는 상황이 되어 버린 거예요. 이런 경우 여러분은 사랑하는 사람과 헤어질 건가요, 아니면 결혼할 건가요?

아마도 많은 친구들이 결혼하겠다고 생각할 거예요. 동성동본이라는 이유로 사랑하는 사람과 헤어져야 한다는 건 말이 안 된다고 생각할 테니까요. 여러분의 생각처럼 과거에도 많은 연인들이 이별보다는 결혼을 선택했어요.

이별보다 결혼을 선택하는 연인들은 해가 갈수록 늘어났어요. 그럴수록 여러 가지 사회 문제도 커졌어요. 자식이 태어나도 출생 신고를 할 수 없으니 당연히 문제가 커질 수밖에 없었지요.

게다가 동성동본 부부가 겪어야 하는 사회적 고통을 악용한 불법 행위도 생겨났어요. 결혼한 뒤 법적으로 부부가 되려면 혼인 신고를 마쳐야 해요. 그런데 혼인 신고를 담당한 공무원이 동성동본 부부에게 불법 행위를 하는 경우가 있었어요. 돈을 받고 혼인 신고를 몰래 해 주는 것이었어요. 당시 혼인 신고를 해 주는 대가로 큰돈을 주었다고 하니, 이것 또한 사회 문제가 되었어요.

동성동본 부부들을 위한「혼인에 관한 특례법」시행 기간	
1차	1978년 1월 1일 ~ 1978년 12월 31일
2차	1988년 1월 1일 ~ 1988년 12월 31일
3차	1996년 1월 1일 ~ 1996년 12월 31일

동성동본 부부들은 위 기간에 혼인 신고 및 자녀들의 출생 신고를 할 수 있었어요.

동성동본 부부로 인해 일어나는 사회 문제가 점점 더 커지자 정부도 더 이상 방관하고 있을 수만은 없었어요. 무엇보다 가장 큰 문제는 동성동본 부부가 아이를 낳아도 출생 신고를 못하는 것이었어요.

정부는 이 문제를 해결하기 위해 1977년에「혼인에 관한 특례법」을 만들어 동성동본 부부가 다음해(1978년) 1년 동안 혼인 신고를 할 수 있도록 조치했어요. 정부의 조치로 그동안 혼인 신고와 아이의 출생 신고를 할 수 없었던 많은 동성동본 부부가 비로소 법적으로 정상적인 생활을 할 수 있었어요.

하지만 정부의 이런 조치는 임시방편에 불과했어요. 동성동본 부부가 해마다 증가했기 때문이에요. 1978년 이후에 결혼한 동성동본 부부는 여전히 혼인 신고를 할 수 없었고, 아이를 낳아도 출생 신고를 할 수 없었어요.

이에 정부는 동성동본 부부가 혼인 신고를 할 수 있도록「혼인에 관한 특례법」을 1988년에 다시 한 번 시행했고, 1996년에도 한 번 더 시행했어요. 정부의 조치로 동성동본 부부가 겪는 문제는 어느 정도 해소되었지만 근본적으로 법이 바뀌지 않는 한 계속 반복될 수밖에 없었어요.

결국, 1995년 동성동본 부부 일곱 쌍이 소송을 제기했어요. 사건을 담당한 법원은 헌법재판소에 「민법」의 동성동본 혼인 금지 규정이 헌법에 위반되는지 심판해 달라고 요청했어요. 오랫동안 동성동본 부부에게 고통을 안겨 주었던 동성동본 혼인 금지 규정이 헌법재판소의 심판대에 오르는 역사적인 순간이었어요.

1997년 7월 16일, 헌법재판소는 「민법」 제809조 제1항의 동성동본 금혼 규정에 대해 헌법 불합치 결정을 내렸어요.(위헌 5명, 헌법 불합치 2명, 합헌 2명) 헌법 불합치란 심판 대상이 된 법률이 위헌이더라도 사회적 혼란을 피하기 위해 일시적으로 해당 법을 유지하는 결정을 말해요. 새로운 법이 제정되기 전까지 일종의 유예 기간을 두는 결정이에요.

헌법재판소는 국회가 동성동본 금혼 규정에 대해 1998년 12월 31일까지 개정하도록 명령했어요. 만약 이때까지 개정하지 않으면 동성동본 금혼 규정은 그다음 날부터 효력이 상실되는 것이었어요. 하지만 국회는 헌법재판소가 명령한 날까지 법을 개정하지 않았고, 이로써 「민법」 제809조 제1항의 동성동본 금혼 규정은 그 효력을 상실했어요.

1999년 1월 1일부터 동성동본인 연인들은 많은 이들의 축복을 받으며 당당하게 결혼할 수 있었고, 자녀의 출생 신고도 할 수 있게 되었어요.(2005년 3월 「민법」 개정안이 국회를 통과하면서 동성동본 금혼 규정은 역사 속으로 완전히 사라짐.)

헌법재판소가 동성동본 금혼 규정에 대해 헌법 불합치 결정을 내린 가장 큰 이유는 인간의 존엄성과 성 평등 원칙 때문이었어요. 동성동본 금혼 규정은 쉽게 말하면 국가가 국민 개개인의 배우자 선택에 관여한다는 의미였어요. 이것은 명백한 개인에 대한 간섭이고, 더 나아가 인간의 존엄성을 침해하고 있다는 판단이었어요.

2 | 결정에 대한 다른 생각

1997년 헌법재판소가 동성동본 금혼 규정에 대한 헌법 불합치 결정을 내리자 전통적인 유교 이념을 신봉하는 유림들이 가장 크게 반발했어요.

사실 동성동본 금혼 규정이 만들어진 후 이 법에 대한 문제 제기는 끊이지 않았어요. 하지만 그때마다 유림들의 강력한 반발에 동성동본 금혼 규정의 폐지는 번번이 실패하고 말았지요. 유림들은 어떤 이유에서 동성동본 금혼을 주장했을까요?

유림들은 성씨가 같은 사람들은 같은 집안 사람이기 때문에 유사한 유전자를 가졌고, 그러한 유전자가 결합하면 유전 질환이 발병할 위험성이 높다는 이유를 들었어요. 가까운 친척 간의 결합은 도덕적으로 문제가 있다고도 주장했어요.

하지만 이런 생각은 역사적으로, 과학적으로 근거가 없다는 것이 증명되었어요. 성과 이름은 언제부터 사용되었을까요? 역사적으로 한자식 성과 이름이 사용되기 시작한 것은 7세기부터이고, 본격적으로 성씨가 사용된 것은 고려 시대부터라고 알려져 있어요. 고려 태조 왕건이 후삼국을 통일하고, 각 지역의 호족에게 성과 본관을 정해 주면서 본격적으로 성씨가 사용되었지요.

하지만 17세기(조선 중기)까지 성씨를 가진 사람은 전체 인구의 절반밖에 되지 않았고, 많은 사람들은 성씨 없이 이름만 있었어요. 조선 후기에 양반의 수가 급격히 증가하면서 많은 사람들이 성씨를 갖게 되었는데, 돈을 받고 족보에 이름을 올려 주는 일이 성행했기 때문이에요. 성이 없던 사람들이 돈을 주고 다른 집안의 성씨를 사게 되면서 얼굴도 모르는 많은 사람들이 동성동본이 되었어요.

우리나라 사람들이 모두 성과 이름을 갖게 된 것은 일제 강점기 때였어요. 일본은 우리나라 사람들을 효율적으로 관리하기 위해 성과 이름이 없는 사람들에게 임의적으로 성과 이름을 지정해 주었어요.

앞의 이야기를 정리하면, 우리나라 사람들의 절반 이상은 조선 후기 이후부터 성과 이름을 갖게 되었고, 성씨라는 것도 본래 자신의 성씨가 아닌 임의적으로 부여받은 것이었어요. 그러니까 유전적으로 가깝기 때문에 결혼할 수 없다는 유림들의 주장은 역사적으로 전혀 근거가 없다는 것이 드러나게 된 셈이에요.

과학적으로 조상의 유전자를 물려받을 가능성은 10대만 내려가도 1,000분의 1이 안 된다고 해요. 그러니까 10대 조상 할아버지의 유전자를 물려받을 가능성은 1,000분의 1도 안 된다는 이야기예요.

실제로 우리 사회에서 10대 조상이 같다는 이유로 자주 얼굴을 보면서 지내는 사람들이 얼마나 있을까요? 간혹 있을 수도 있겠지만 거의 대부분은 모르는 사람처럼 지낼 거예요. 직계 조상의 경우도 이런 상황인데, 동성동본인 사람들이 모두 유사한 유전자를 가졌다는 것은 터무니없는 주장일 수밖에 없어요.

가까운 친척 간의 결혼은 도덕적으로 옳지 않다는 주장 또한 동성동본 금혼과 크게 관련이 없어요. 가까운 친척이라고 하면 어떤 관계를 말할까요? 여러분에게는 조금 어려운 이야기일 수 있는데, 친척 관계를 알기 위해서는 촌수에 대해 알아봐야 해요.

여러분 자신을 기준으로 부모님과는 1촌 관계예요. 여러분에게 형제자매가 있다면 그들과는 모두 2촌이에요. 아버지의 형제(큰아버지, 작은아버지, 삼촌, 숙부라고 부름.)와는 3촌이에요. 여러분이 아빠의 동생을 흔히 삼촌이라고 부르는 건 3촌 관계이기 때문이에요. 또 여러분과 3촌(큰아버지, 작은아버지 등)의 자식들과는 4촌이에요. 사촌 형, 사촌 누나라는 호칭은 4촌 관계이기 때문에 그렇게 부르는 거예요.

요즘 시대에는 4촌까진 자주 만난다고 할 수 있지만 6촌만 되어도 쉽게 볼 수 있는 친척은 아니에요. 8촌은 더더욱 만나기 어렵지요. 8촌이 넘어가면 거의 얼굴조차 모르고 지내기 때문에 친척이라고 말하기도 어려워요. 그러니까 8촌까지는 간혹 만날 수도 있지만 그 이상 넘어가면 거의 얼굴조차 모르는 관계라고 할 수 있어요.

8촌이 넘어가면 유전적 유사성은 1퍼센트도 안 된다고 해요. 예나 지금이나 우리 사회에서는 가까운 친척 간에는 결혼하지 않아요. 적어도 8촌 안에서는 자발적으로 결혼하지 않았어요. 왜냐하면 8촌 이내는 누구나 친척이라고 생각하기 때문이에요. 동성동본 금혼 규정과 상관없이 말이지요.

따라서 가까운 친척 간의 결혼은 도덕적으로 문제가 있다는 주장은 타당하지 않아요. 대다수의 동성동본은 친척 관계로 볼 수 없기 때문이지요.

지금까지 살펴보았듯이 동성동본에 대한 기존의 생각들은 모두 근거 없다는 것이 판명되었어요. 그럼에도 동성동본 금혼 규정은 오랫동안 우리 사회의 법으로 존재했어요. 성씨 문화에 대한 잘못된 인식이 많은 사람들의 마음을 아프게 했던 거예요.

3 | 결정을 바라보는 눈

동성동본 금혼 규정은 법 제정 당시부터 여러 문제가 있었지만, 우리나라 성씨 문화에 대한 잘못된 인식 때문에 오랫동안 고쳐지지 않고 유지된 법이었어요. 헌법재판소의 헌법 불합치 결정이 없었다면 지금도 그 법은 존재했을 것이고, 많은 사람들의 마음을 아프게 했을 거예요.

헌법재판소는 동성동본 금혼 규정에 대해 헌법 불합치 결정을 내리면서 성 평등 원칙을 중요한 근거로 삼았어요. 성 평등은 과거에 무시되었지만 민주주의가 발전하면서 아주 중요하게 인식된 개념이에요.

동성동본 금혼 규정은 자녀가 태어나면 아버지의 성을 따르는 부계 혈통 중심의 성씨 문화에서 비롯되었어요. 지금까지 우리 사회는 아버지의 성을 따르는 것을 너무나 당연시해 왔어요. 만약 자녀가 태어나 어머니의 성도 사용할 수 있었다면 동성동본 금혼 규정은 진즉에 사라졌을 거예요.

헌법재판소는 이런 부계 혈통 중심의 성씨가 금혼의 기준으로 적용되었기 때문에 동성동본 금혼은 성 평등에 위반된다고 판단한 거예요. 이후 성 평등 개념은 우리 사회에 아주 중요한 메시지를 던졌어요. 자녀가 아버지의 성만 따라야 한다는 것도 성 평등에 위반된다는 판단을 이끌어 냈기 때문이에요. 2008년 대법원은 자녀가 아버지의 성만 따라야 하는 것은 성 평등에 위반된다고 판단했고, 이후부터는 부모가 협의한 경우 자녀의 성을 어머니의 성으로도 사용할 수 있게 되었어요.

동성동본 금혼 규정이 사라진 지도 어느새 20년이 훨씬 지났어요. 그 기간 동안 수많은 동성동본인 사람들이 결혼했고 아이를 낳았어요. 동성동본 금혼을 주장했던 사람들이 우려한 유전 질환이나 도덕적 타락에 대한 소식은 들려오지 않았어요. 다만 헌법재판소의 결정 이후 우리 사회가 한층 더 성숙한 성 평등의 사회로 나아가고 있다는 소식은 들려오고 있어요.

정리 노트

▶ 헌법재판소는 1997년 「민법」 제809조 제1항에 대해 '헌법 불합치' 결정을 내렸고, 그 결과 1999년 1월 1일부터 많은 동성동본 연인들이 합법적으로 결혼할 수 있게 되었다.

▶ 대법원은 자녀가 아버지의 성만 따라야 하는 것은 성 평등에 위반된다고 판단했고,

그 결과 2008년부터 부모가 협의한 경우에는 자녀의 성을 어머니의 성으로도 사용할 수 있게 되었다.

▶ 2005년 개정된 「민법」 제809조 제1항 : 8촌 이내의 혈족(친양자의 입양 전의 혈족을 포함) 사이에서는 혼인하지 못한다.(개정 전 제809조 제1항 : 동성동본인 혈족 사이에서는 혼인하지 못한다.)

03

수도를 옮기는 것은 헌법에 위반되는가?

① **심판 법률** : 「신행정 수도 건설을 위한 특별 조치법」

② **심판 의뢰 시기** : 2004년

③ **결정 시기** : 2004년 10월 21일(헌법재판소 2004년 10월 21일 선고, 2004헌마554 결정)

④ **결정** : 「신행정 수도 건설을 위한 특별 조치법」은 헌법에 위반된다.

1 │ 심판 의뢰 이유와 결정

이야기 읽기

◆ **2002년 노무현 대통령 후보자** : 수도권 집중 문제를 해결하고, 낙후된 지역 경제를 살리기 위해서는 새로운 행정 수도를 건설해야 합니다. 대통령이 되면 새로운 행정 수도를 건설하겠습니다.

◆ **노무현 대통령** : 「신행정 수도 건설을 위한 특별 조치법」도 국회를 통과했고, 이제 본격적으로 새로운 행정 수도를 건설하겠습니다.

◆ **이석연 변호사** : 새로운 행정 수도 건설은 헌법적인 사안인데, 국민 투표

를 거치지 않고 법률을 제정하여 추진하는 것은 문제가 있습니다.

◆ **노무현 대통령** : 행정 수도 건설은 대통령 선거 공약이었습니다. 국민들은 공약을 믿고 대통령을 선출했습니다. 행정 수도 건설 공약은 이미 국민들의 인정을 받은 사안이기 때문에 국민 투표를 다시 할 필요는 없습니다.

◆ **이석연 변호사** : 공약과 선거는 별개의 문제입니다. 대통령으로 뽑았다고 해서 모든 공약에 찬성했다고 볼 수는 없습니다. 「신행정 수도 건설을 위한 특별 조치법」에 대해 헌법 소원을 제기하겠습니다.

「신행정 수도 건설을 위한 특별 조치법」은 우리나라의 행정 수도를 새롭게 건설하기 위해 만든 법이에요. 수도는 그 기능에 따라 행정 수도, 입법 수도, 사법 수도 등으로 구분할 수 있는데, 대부분의 수도는 세 가지 기능을 모두 갖추고 있어요. 아프리카 대륙의 최남단에 위치한 남아프리카공화국은 세 가지 기능의 수도가 따로 존재하는 유일한 나라예요. 남아프리카공화국의 입법 수도는 케이프타운이고 행정 수도는 프리토리아, 사법 수도는 블룸폰테인이에요.

헌법에 '대한민국의 수도는 서울이다.'라고 규정되어 있지 않지만 모든 국민은 대한민국의 수도가 서울이라고 알고 있어요. 서울은 입법·사법·행정의 기능을 모두 갖추고 있는 곳이에요. 「신행정 수도 건설을 위한 특별 조치법」은 행정 수도를 새롭게 만드는 법이니까 국가의 정치·행정적인 측면에서 중추적인 역할을 하는 도시를 새롭게 만드는 법이에요.

이 법은 왜 제정하게 된 것일까요? 이 법의 제1조를 보면 그 목적이 잘 나타나 있어요. 이 법의 제1장 제1조에서는 '이 법은 국가 중추 기능의 수도권 집중에 따른 부작용을 시정하고, 세계화와 지방화가 동시에 진행되는 시대적 조류에 부응하기 위하여 신행정 수도를 건설하는 방법 및 절차에 관하여 규정함으로써 국가의 균형 발전과 국가 경쟁력의 강화에 이바지함을 목적으로 한다.'고 규정하고 있어요. 쉽게 말하면 국가의 많은 기능이 수도권에 집중되다 보니 여러 가지 부작용이 생겨서, 그것을 해소하기 위해 새롭게 행정 수도를 건설한다는 의미예요.

현재 우리나라의 인구는 5,100만 명을 넘어서고 있어요. 그중에서 서울의 인구는 약 958만 명이에요. 우리나라 인구의 5분의 1이 하나의 도시에 몰려 있는 셈이지요. 게다가 서울을 품고 있는 수도권(경기도)의 인구는 약 1,347만 명이에요.(2021년 4월 현재) 서울과 그 주변에 우리나라 인구의 5분의 2가 훨씬 넘는 인구가 집중되어 살고 있어요.

왜 서울과 그 주변에 이처럼 인구가 집중되었을까요? 그것은 서울에 모든 정치·사회·경제적 자원이 집중되어 있기 때문이에요. 살기 위해서는 서울로 올 수밖에 없었던 거지요.

처음부터 서울이 이렇게 큰 도시는 아니었어요. 사람들이 서울로 조금씩 몰려들기 시작하자, 인구 과밀화를 해소하기 위해 서울의 면적이 조금씩 넓어졌고 지금의 서울이 되었어요. 하지만 서울로의 이동은 계속되었고, 정부는 서울의 인구 집중을 막기 위해 인근에 도시(서울 주변의 분당, 일산, 부천 등과 같은 신도시) 개발을 계획했지만 서울을 포함한 수도권 집중이라는 결과를 초래하고 말았어요.

대한민국의 모든 기능이 집중되어 있는 서울

　인구의 수도권 집중은 주택, 환경, 교육 등 여러 가지 사회 문제를 낳았어요. 이보다 더 큰 문제는 모든 것이 서울과 수도권에 집중되다 보니 상대적으로 지방이 낙후된다는 것이었어요. 지방에서는 아무것도 할 게 없어서 서울로 오게 되는 악순환이 계속되었던 거예요. 한마디로 지역 불균형 발전이 심각한 문제로 대두되었어요.

　그동안 정부는 서울의 집중화 문제를 해결하기 위해 여러 가지 대책을 시도했지만 어느 것 하나도 효과를 거두지 못했어요. 이런 상황에서 나온 이야기가 새로운 행정 수도의 건설이었어요. 서울에 집중되어 있는 모든 사회·경제적인 자원을 새로운 행정 수도로 이전하여 서울의 집중화를 막겠다는 의도였어요.

　2002년 대통령 선거 당시 민주당의 노무현 후보는 '서울과 수도권에 집중된 것을 억제하고, 낙후된 지역 경제를 살리기 위해 행정 수도를 건설하여 청와대와 정부 부처를 옮겨 가겠다.'는 공약을 발표했어요. 새로운 행정 수도 건설의 서막이 오르는 순간이었어요.

노무현 후보는 2002년 12월 대통령 선거에서 대한민국의 제16대 대통령으로 당선되었고, 그가 공약한 행정 수도 건설은 탄력을 받게 되었어요. 2003년 노무현 정부는 행정 수도 건설을 위한 기획단을 발족시켰고, 그해 연말에는「신행정 수도 건설을 위한 특별 조치법」이 국회 본회의를 통과했어요. 이제 새로운 행정 수도 건설은 모든 법적 절차를 마무리 짓고, 본격적으로 시행 단계에 들어설 수 있었어요.

하지만 이때 문제가 발생했어요. 2004년 이석연 변호사가「신행정 수도 건설을 위한 특별 조치법」에 대해 헌법 소원을 제기했기 때문이에요. 이석연 변호사는 새로운 행정 수도의 건설은 헌법적인 사안인데, 국민 투표도 거치지 않고 법률을 제정하여 추진하는 것은 문제가 있다고 본 거예요.

만약 헌법재판소가「신행정 수도 건설을 위한 특별 조치법」에 대해 위헌 결정을 내리면 행정 수도 건설은 중지될 수밖에 없었어요. 행정 수도 건설 기획단은 헌법재판소의 결정이 나기 전까지는 계속 활동할 수 있었기 때문에 행정 수도가 들어설 지역 선정 작업에 들어갔어요. 2004년 8월, 기획단은 충남 연기·공주 지역을 새로운 행정 수도 지역으로 최종 확정했어요. 하지만 기획단의 활동은 여기까지였어요.

2004년 10월 21일, 헌법재판소는「신행정 수도 건설을 위한 특별 조치법」이 헌법에 위반된다고 결정했어요.(위헌 8명, 합헌 1명) 헌법재판소는 대한민국의 수도가 서울이라고 헌법에 명시되지 않았지만 대한민국의 수도가 서울이라는 사실은 헌법과 같은 지위를 갖는다고 보았어요. 따라서 수도 이전은 헌법을 개정하는 행위에 해당되며, 헌법의 개정은 반드시 국민 투표를 통해서 이루어져야 한다고 판단했어요. 헌법재판소는 수도 이전 문제를 국민 투표가 아닌 법률로써 결정하려 했기 때문에 헌법에 위반된다고 판단한 거예요.

헌법재판소의 결정으로 서울과 수도권의 집중화를 막으려던 노무현 대통령의 대선 공약은 물거품이 되고 말았어요.

2 | 결정에 대한 다른 생각

헌법재판소가 「신행정 수도 건설을 위한 특별 조치법」에 대해 헌법에 위반된다고 결정하자 많은 사람들이 이 결정을 비판했어요. 특히 헌법재판소가 위헌 결정의 근거로 제시한 '관습 헌법'에 대해서는 많은 논란을 불러일으켰어요.

헌법재판소는 대한민국의 수도는 서울이라는 사실이 헌법에 수록되지는 않았지만 헌법적 가치를 지닌 관습 헌법에 해당된다고 판단했어요. 헌법재판소는 이렇게 관습 헌법을 언급하면서 관습 헌법이 그 지위를 얻기 위해서는 다섯 가지 요건을 충족해야 한다면서 이를 구체적으로 제시했어요. 그 다섯 가지는 '기본적 헌법 사항에 대해 어떤 관행 내지 관례가 존재할 것, 관행이 오랫동안 사라지지 않고 반복 또는 계속될 것(반복·계속성), 관행이 지속되는 중에 반대되는 관행이 존재하지 않을 것(항상성), 관행은

여러 가지 해석이 가능하지 않은 명확한 내용을 가질 것(명료성), 관행이 헌법 관습으로 국민들의 승인 내지 강제력을 지닌 것이라고 믿고 있을 것(국민적 합의)' 등이에요.

헌법재판소의 결정을 다르게 표현하면, '대한민국의 수도는 서울이다.'라는 말은 관습 헌법의 다섯 가지 요건을 모두 충족했기 때문에 관습 헌법의 지위를 얻었다는 이야기예요. 그런데 헌법재판소의 판단에는 잘못된 부분이 있어요. 바로 세 번째 요건인 '항상성'과 다섯 번째 요건인 '국민적 합의' 부분이에요.

'대한민국의 수도는 서울이다.'라는 말이 세 번째 요건인 '항상성'을 충족하려면 지금까지 대한민국의 수도는 항상 서울이었다는 것이 증명되어야 해요. 대한민국이 탄생한 뒤 수도는 항상 서울이었을까요? 그렇지 않은 경우가 있었어요. 바로 한국 전쟁 때였어요. 한국 전쟁 당시 대한민국의 수도는 서울이 아니라 부산이었어요. 한국 전쟁 때 북한의 남침으로 서울이 함락하자 정부는 수도를 부산으로 옮겼어요. 따라서 '대한민국의 수도는 서울이다.'라는 말은 세 번째 요건인 '항상성'을 충족하지 못하기 때문에 관습 헌법이라고 볼 수 없는 거예요.

'대한민국의 수도는 서울이다.'라는 말이 관습 헌법의 지위를 얻기 위해서는 모든 국민이 이에 동의해야 하고, 또 그것을 굳게 믿고 있어야 해요. 이것이 바로 국민적 합의예요. 그런데 이런 국민적 합의(동의)는 영원불변한 것이 아니에요. 국민적 합의는 언제든지 변할 수 있는 사항이에요. 만약 국민적 합의가 어떤 상황의 변화로 바뀌었다면 관습 헌법 또한 변경되거나 폐지되어야 한다는 결론이 나와요.

2002년 노무현 대통령은 대선 후보로 나서면서 행정 수도 이전을 대선 공약으로 내걸었고, 국민들은 그를 대통령으로 선출했어요. 이것은 무엇을 의미하는 것일까요? 노무현 후보의 대통령 당선은 국민들이 수도 이전이라는 그의 공약에 지지를 보낸 것으로 해석할 수 있어요. 이것은 국민적 합의가 바뀌었음을 보여 주는 증거이기도 해요.

이처럼 헌법재판소가 내세웠던 '관습 헌법'은 그 자체 모순이 존재하기 때문에 올바른 판단이라고 보기는 어려워요.

또한 헌법재판소의 관습 헌법에 대한 해석은 그동안 헌법 학계와 판례에서 전혀 거론된 적이 없었기 때문에 헌법재판소의 주관적인 해석이라는 비판도 있어요. 관습 헌법은 어디까지나 성문 헌법을 보완하는 역할을 하는 법이지, 그것이 성문 헌법이 될 수는 없어요. 헌법재판소의 이번 결정은 관습 헌법을 마치 성문 헌법처럼 인식하여 판단했기 때문에 잘못된 결정이라고 볼 수 있어요.

3 | 결정을 바라보는 눈

헌법재판소의 결정과 상관없이 수도를 이전하는 문제에 대해서는 많은 사람들이 서로 다른 의견을 내놓을 수 있어요. 개인은 각자의 입장에서 이 문제를 받아들일 수밖에 없기 때문이지요. 수도에 살면서 여러 가지 혜택을 누렸던 사람들은 당연히 수도 이전을 반대할 것이고, 그렇지 않았던 사람들은 수도 이전을 찬성할 거예요.

하지만 수도 이전은 각자의 입장에서만 바라봐서는 안 되는 부분이 있어요. 그것은 크게는 국가 발전의 측면에서 바라봐야 하고, 작게는 개인의 발전과도 관련되어 있기 때문이에요.

헌법재판소는 관습 헌법을 근거로 들어 수도 이전이 헌법에 위반된다고 판단했어요. 대한민국의 수도는 서울이라는 사실은 성문 헌법에 명시되어 있지 않지만 그것이 관습 헌법이기 때문에 헌법적 가치를 지닌다고 보았어요. 따라서 관습 헌법도 헌법의 지위에 있기 때문에 그것의 변경은 법률이 아니라 국민 투표를 통해 결정해야 된다고 판단한 거예요.

우리는 여기에서 '관습 헌법은 성문 헌법의 지위를 누릴 수 있는가?' 하는 문제를 깊이 생각해 볼 필요가 있어요. 사실 관습 헌법에 관한 규정은 그 어디에도 없어요. 관습 헌법은 헌법재판소가 위헌 결정을 내리면서 언급한 말이에요. 그리고 헌법재판소는 관습 헌법에 성문 헌법의 지위를 부여했어요.

이와 같은 사실을 다르게 표현하면, 헌법재판소는 하나의 성문 헌법을 새로 만들었다고 볼 수 있어요. 헌법재판소는 법을 만드는 기관이 아니라 법을 심판하는 기관이에요. 법을 심판하는 기관이 결과적으로는 법을 만드는 기관이 되어 버린 거예요. 이것은 심각한 오류라고 볼 수 있지요. 하지만 헌법재판소의 결정은 다시 되돌릴 수 없는 최후의 판단이에요. 이런 점을 생각하면 헌법재판소의 결정은 아쉬울 수밖에 없어요.

여러분은 수도 이전에 대해 어떤 생각을 갖고 있나요? 만약 국가 균형 발전에 대한 다른 해결책이 있다면 모르겠지만, 그렇지 않다면 수도 이전은 서울과 수도권 집중화 문제를 해결하고 국가 균형 발전을 위한 최선의 방법이 될 수도 있지 않을까요?

헌법재판소의 「신행정 수도 건설을 위한 특별 조치법」에 대한 위헌 결정 이후 많은 시간이 흘렀어요. 그동안 대한민국은 어떤 변화를 겪었을까요? 수도 이전의 이유에 한정해서 살펴보면 여전히 우리 사회는 많은 문제를 내포하고 있어요.

서울과 수도권 집중화의 문제는 그때나 지금이나 변함이 없어요. 인구 과밀화로 인한 주택 문제는 가장 심각한 사회 문제로 떠오르고 있어요. 서울의 주택 가격은 하루가 다르게 오르고, 서울에서 보금자리를 장만하기는 더더욱 어려운 실정이에요.

이와 반대로 지방은 갈수록 낙후되어 가고 있어요. 젊은이들이 일자리를 찾아 서울이나 수도권으로 떠나면서 지방에는 일할 사람이 없고, 일할 수 있는 여건도 마련되어 있지 않아요.

그렇다면 정부는 헌법재판소의 결정 이후 아무런 조치도 취하지 않았던 것일까요? 그렇지는 않았어요. 당시 노무현 정부는「신행정 수도 건설을 위한 특별 조치법」의 수정안을 마련했어요. 수정안은「신행정 수도 후속 대책을 위한 연기·공주 지역 행정중심복합도시 건설을 위한 특별법」이에요. 이 법은 국회 본회의를 통과하여 국가 균형 발전의 초석이 되었어요. 수정안의 핵심 내용은 청와대와 국회, 외교와 안보에 관련된 정부 기관을 제외한 정부 부처를 이전하는 것이었어요. 이 수정안에 따라 노무현 정부 말기에 기공식을 열었고, 2012년 '세종특별자치시'가 공식적으로 출범했어요.

세종특별자치시도 쉽게 출범한 건 아니었어요. 노무현 정부를 이은 이명박 정부는 이전 정부에서 추진한 계획을 전면 백지화하고, 세종시를 '행정중심복합도시'에서 '교육중심경제도시'로 전환하는 수정안을 마련했는데, 이 수정안은 국회에서 부결되었어요. 현재 세종특별자치시는 30만 명이 넘는 사람들이 사는 도시로 성장했고, 외교와 안보를 제외한 많은 정부 부처가 이전해 있어요.

하지만 현재의 세종특별자

2012년에 공식 출범한 세종특별자치시의 위치도

치시로는 서울과 수도권의 집중화 문제를 해결할 수 없어요. 서울과 수도권 집중화를 억제하고 국가의 균형 발전을 이룩하는 데 수도 이전이 유일한 대안이지는 않겠지만 지금으로선 최선의 방법일 수도 있어요. 그런 의미에서 보면「신행정 수도 건설을 위한 특별 조치법」에 대한 헌법재판소의 위헌 결정은 아쉬움이 많이 남을 수밖에 없어요.

정리 노트

▶ 신행정 수도 건설의 목적은 서울과 수도권의 집중화 문제를 해결하고 국가의 균형 발전을 이룩하기 위함이다.

▶ 헌법재판소는「신행정 수도 건설을 위한 특별 조치법」이라는 법률을 통해서 수도를 옮기는 것은 헌법에 위반된다고 결정했다. 헌법재판소는 대한민국의 수도가 서울이라고 헌법에 명시되지 않았지만 대한민국의 수도가 서울이라는 사실은 헌법과 같은 지위를 갖기 때문에 수도를 이전하는 것은 헌법을 개정하는 행위이며, 헌법 개정은 반드시 국민 투표를 통해 이루어져야 한다고 판단했다.

▶ 헌법재판소의 위헌 결정 이후「신행정 수도 건설을 위한 특별 조치법」의 수정안으로「신행정 수도 후속 대책을 위한 연기·공주 지역 행정중심복합도시 건설을 위한 특별법」이 만들어졌고, 이 법에 의해 2012년 세종특별자치시가 공식적으로 출범했다.

04

호주제는 전통문화인가, 불합리한 제도인가?

① **심판 법률** : 「민법」제 778조(호주의 정의) : 일가의 계통을 계승한 자, 분가한 자 또는 기타 사유로 인하여 일가를 창립하거나 부흥한 자는 호주가 된다. 「민법」제781조 제1항 : 자는 부의 성과 본을 따르고 부가에 입적한다. 「민법」제826조 제3항 : 처는 부의 가에 입적한다.

② **심판 의뢰 시기** : 2001년

③ **결정 시기** : 2005년 2월 3일(헌법재판소 2005년 2월 3일 선고, 2001헌가9 결정)

④ **결정** : 「민법」제 778조(호주의 정의), 제781조 제1항, 제826조 제3항은 헌법에 합치되지 아니한다. 위 법률 조항들은 입법자가 호적법을 개정할 때까지 계속 적용된다.

1 │ 심판 의뢰 이유와 결정

이야기 읽기

영희는 남편과 이혼하면서 아들 영수를 맡아 키우게 되었어요. 철수도 아내와 이혼하면서 아들 희수를 맡아 키우고 있었어요. 그러던 중 철수와 영희는 사랑하는 사이가 되었고, 결국 재혼을 하게 되었어요. 철수와 영희는 재혼하면서 영수와 희수를 같이 키우기로 결정했고, 이들은 4인 가정을 이루게 되었어요.

그런데 이들 가정의 주민등록등본에는 아들이 한 명으로 기재되어 있어요. 희수는 아들로 기재되어 있지만 영수는 동거인으로 기재되어 있었던 거예요. 영수는 친아버지(영희의 전남편) 호적에 올라 있기 때문에 동거인으로 기재될 수밖에 없었어요. 우리나라 「민법」의 호주제 규정이 그렇게 되어 있기 때문이에요.

호주제는 '호주인 아버지를 중심으로 가족 구성원들의 출생과 혼인, 사망 등의 신분 변동을 기록하는 제도'를 말해요. 여기에서 호주(戸主)란 민법상 '가(家)'의 장으로서 가족을 대표하는 사람을 뜻해요. 따라서 호주제는 아버지에서 아들로 이어지는 부계 혈통을 통해 대대로 승계시키는 제도라고 할 수 있어요.

호주제를 통해 만들어진 문서가 바로 '호적'인데, 호적은 '호주를 중심으로 하여 호주와 가족과의 관계, 본적지, 성명, 생년월일 등 신분에 관한 사항을 기록한 공적인 장부'예요. 호적은 사람의 신분을 증명하고 공증하는 제도적 장치인 셈인데, 하나의 호적에 가족 모두의 신분 관계나 변동 사항이 기재되어 있어요.

1958년에 「민법」이 제정되면서 시행된 호주제는 그 당시부터 문제점이 제기되었고, 1960년대와 1970년대에 들어서서도 여성계의 강력한 저항으

호주 > 아들 > 손자 > 미혼딸 > 처 > 어머니 > 며느리

로 부분 개정이 이루어졌어요. 하지만 그 근본 내용은 변하지 않았기 때문에 1990년대에도 끊임없이 호주제 폐지를 주장하는 목소리가 많았어요.

도대체 호주제는 어떤 문제점이 있었기에 오랫동안 폐지를 주장하게 되었을까요? 호주제의 가장 큰 문제점은 남녀를 차별하는 제도라는 데 있었어요. 또한 그런 차별적 요소로 인해 많은 사람들이 불편과 고통을 겪고 있다는 것이 문제였어요.

호주제에서는 호주가 사망하면 다음 승계권자가 호주의 지위를 승계하여 '가(家)'를 이끌게 되어 있어요. 그런데 호주 승계 순위를 보면 사망한 호주의 아들이나 손자가 제1순위이고, 그다음으로 미혼의 딸, 처, 어머니, 며느리 순으로 되어 있어요. 호주제는 남성 우선주의, 남성 중심주의 시각에서 그 서열을 매기고 있는 거예요. 이런 호주제 때문에 예로부터 집안의 대를 잇는 것은 아들이라는 시각이 자리 잡았고, 남아 선호 사상도 부추기게 된 거예요.

물론 여성도 호주가 될 수 있었지만 그것은 어디까지나 남성이 없는 경우에 해당되었고, 호주를 승계할 남성이 없으면 '가(家)'는 법적으로 폐가(廢家)가 되었어요. 이런 점만 봐도 호주제는 확실히 남녀 차별적 요소가 심했던 제도라고 할 수 있어요.

호주제를 좀 더 구체적으로 살펴보면 호주제가 얼마나 많은 문제점을 안고 있는 제도였는지 쉽게 이해할 수 있어요.

호주제에서 여성은 결혼 전에는 아버지의 호적에 올라 있다가 결혼을 하게 되면 남편의 호적에 오르게 되어 있어요. 만약 남편이 사망하게 되면 아들이 호주가 되고, 여성은 아들의 호적에 오르게 돼요. 이것은 심각한 남녀 불평등에 해당되는 사항이에요.

호주제에서는 부모가 이혼하거나 재혼하게 되면 좀 더 심각한 상황이 발생해요. 앞에 나온 '이야기 읽기'의 내용처럼 하나의 가정을 이루어도 아들이 아니라 동거인이 되는 문제가 발생했어요.

또 남편과 이혼한 여성이 혼자 자녀들을 키우고 있더라도 자녀들의 호주는 여전히 전남편이고, 그 여성은 주민등록상 자녀들의 동거인밖에 될 수 없었어요. 이런 경우 자녀들을 데리고 병원이나 은행에 가게 되면 모자 관계를 증명하는 별도의 서류까지 준비해야 했어요. 어머니임을 증명해야 하는 그 자체가 어머니 입장에서는 가슴이 아플 수밖에 없었지요.

아버지에게 문제(학대나 폭행 등)가 있어서 서로 인연을 끊고 살더라도 자녀들은 어머니의 호적에 오르지 못하고 여전히 아버지의 호적에 올라 있을 수밖에 없었어요. 이처럼 호주제는 남녀 차별적 요소가 심했고, 실제 가족생활에서도 여러 가지 불편과 고통을 주는 요소가 많은 제도였어요.

여러 가지 문제점이 많았던 호주제를 폐지하자는 목소리는 2000년대 들어서서 점점 더 구체화되었어요. 특히 여성 단체의 운동이 활발했어요. 여성 단체와 시민 단체는 호주제에 대한 위헌 소송을 제기하기 위해 많은 노력을 기울였고, 그 결과 2001년 4월 서울지방법원은 호주제 관련 조항에 대해 위헌 심판을 헌법재판소에 의뢰했어요.

헌법재판소의 심판과는 별도로 호주제 개정에 대한 움직임도 본격화되었어요. 2003년에는 호주제 폐지를 주요 내용으로 하는 「민법」 개정안이 국회에 제출되었고, 법무부도 호주제 폐지를 주요 내용으로 하는 「민법」 개정안을 추진했어요.

헌법재판소의 심판 이전에 호주제 폐지를 전제로 하는 「민법」 개정안이 활발하게 이루어지게 된 것은 호주제가 폐지될 거라는 의견이 지배적이었기 때문이에요. 그만큼 호주제에 대한 폐지 여론이 높았어요.

2005년 2월 3일, 헌법재판소는 호주제 관련 법 조항에 대해 헌법 불합치 결정을 내렸어요.(제778조 위헌 6명, 합헌 3명 / 제781조 제1항 위헌 8명, 합헌 1명 / 제826조 제3항 위헌 7명, 합헌 2명) 헌법재판소는 호주제가 남녀를 차별하는 제도이며, 그로 인해 많은 가족에게 불편과 고통을 주는 제도라고 판단했어요. 또한 남계 혈통 중심의 특정한 가족 관계를 강요하는 것은 개인과 가족의 자율적 결정권을 존중하라는 헌법 제36조 제1항에 맞지 않는다고 판단했어요.

헌법재판소의 호주제에 대한 헌법 불합치 결정으로 오랫동안 많은 사람들에게 불편과 고통을 주었던 호주제는 역사의 뒤안길로 사라졌어요.

헌법재판소의 결정 한 달 후인 2005년 3월 「민법」 개정안이 국회 본회의를 통과했고, 2008년 1월 1일부터는 「가족관계의 등록 등에 관한 법률」(가족관계등록법)이 시행되면서 호주와 관련된 규정은 모두 사라졌어요. 새로 시행된 가족관계등록부에는 출생과 혼인, 사망 등 가족 관계의 발생과 변동 사항이 '나'를 중심으로 기록하게 되어 있어요.

2 | 결정에 대한 다른 생각

호주제는 시행 초기부터 문제점이 있었고, 그렇기 때문에 많은 여성과 단체들은 호주제 폐지를 위해 노력했어요. 이런 노력 덕분에 호주제는 부분 수정이 되었지만 그 근본 내용은 변하지 않았어요.

많은 이들의 호주제 폐지 운동에도 불구하고 수십 년 동안 호주제가 우리 사회에 유지된 이유는 무엇이었을까요? 그것은 호주제를 유지해야 한다는 의견도 많았기 때문이에요. 호주제를 찬성하는 사람들의 주장은 호주제가 우리의 전통문화라는 데 있었어요.

이들은 호주제를 폐지하면 가족 집단을 알 수가 없어 전통적인 가족의 개념도 해체될 거라고 우려했어요. 여기에서 더 나아가 가족 화합, 경로효친 사상 등이 사라져 우리의 미풍양속도 모두 사라질 거라고 주장했어요. 이런 주장 때문에 호주제의 근본 내용이 바뀌지 않았던 거예요.

호주제를 전통문화라고 주장하는 사람들은 이 제도가 조선 시대부터 존재했다는 점을 근거로 내세우고 있어요. 사실 지금과 같은 호주제는 일제 강점기에 도입되었어요. 일본은 우리 민족을 효율적으로 관리하기 위해 민적법을 시행하면서 호주제를 만들었어요.

조선 시대의 호적 제도는 지금의 호주제와 조금 달랐어요. 조선 시대의 호적은 지금과 같은 혈연관계가 아닌 실제 함께 살고 있는 사람들을 중심으로 작성되었어요. 그러니까 한집 안에 살고 있는 사람들 모두가 기재된 거예요. 여기에는 하인이나 노비뿐만 아니라 장인이나 장모, 처가 식구가 함께 사는 경우에는 그들까지 모두 함께 기재되었어요.

조선 시대의 호적 제도에는 호주라는 개념이 없었고, 요즘처럼 남성 중심의 호주 승계도 없었으며, 여성이 호적의 맨 처음에 기재되는 경우도 있었어요. 이런 사실로 미루어 보아 조선 시대의 호적 제도는 지금처럼 가족 관계를 파악하려는 게 아니라 세금을 거두기 위해 만들어졌다고 볼 수 있어요. 따라서 호주제가 우리의 전통문화이고 미풍양속이라는 주장은 신빙성이 떨어지는 주장이에요.

또 일부 사람들은 호주제가 폐지되면 가족이 해체되고, 경로효친 사상 등 미풍양속이 무너져 결국은 나라가 망하게 될 거라고 우려했어요. 호주제가 폐지된 지 많은 시간이 흘렀어요. 그 시간 동안 우리 사회는 어떻게 변했나요? 호주제를 찬성하는 사람들의 주장처럼 가족이 해체되고 우리의 미풍양속이 사라졌나요? 그렇지 않다는 걸 모두가 느낄 거예요. 물론 나라도 망하지 않았고요.

호주제가 폐지된 지 많은 시간이 흘렀지만 호주제 찬성자들의 우려처럼 되지는 않았어요. 물론 가족 간 유대는 조금 느슨해졌다고 할 수도 있지만, 그건 호주제 폐지의 영향이 아니라 핵가족화의 영향 때문이에요.

어떤 사람들은 호주제의 완전 폐지보다는 남녀 차별적 요소가 강한 부분만 수정하여 호주제를 유지하자고 얘기하기도 해요. 호주제가 있으므로 가족의 의미를 더 잘 이해할 수 있고, 가족 간 유대 관계도 더 깊어질 수 있다는 의견이에요. 즉 호주제가 나쁜 점만 있는 건 아니라는 거지요.

아무튼 호주제는 이제 우리 사회에서 완전히 사라졌어요. 그리고 호주제로 인해 오랫동안 불편과 고통을 겪었던 사람들도 호주제 폐지로 인해 어느 정도는 그 고통에서 벗어날 수 있었어요.

3 | 결정을 바라보는 눈

2005년 헌법재판소의 호주제에 대한 헌법 불합치 결정으로 우리 사회는 전통적인 가족 관계의 개념이 크게 바뀌었고, 무엇보다도 남녀가 평등하다는 인식이 우리 의식 속에 자리 잡게 되었어요. 사실 헌법재판소의 호주제 폐지 결정 이전부터 남녀평등 문제는 오랫동안 우리 사회의 화두였어요. 그만큼 과거부터 여성은 남성에 비해 많은 차별을 받아 왔던 거예요.

남녀평등 문제는 헌법재판소의 결정 이전부터 시대가 발전할수록, 사회가 변화할수록 조금씩 불평등에서 평등으로 바뀌고 있었어요. 하지만 여전히 여성에 대한 불평등한 제도가 존재했기 때문에 완전한 남녀평등이 쉽게 이루어지지 못했던 거예요.

이런 남녀 불평등이 내포된 제도는 이후 법의 심판을 받으면서 점점 사라지게 되었어요. 그 대표적인 사건이 1997년에 있었던 헌법재판소의 동성동본 금혼 규정에 대한 헌법 불합치 결정이에요. 헌법재판소는 「민법」의 동성동본 금혼 규정에 대해 부계 혈통 중심의 성씨 문화이며, 이는 성 평등에 위반된다고 결정했어요.

1997년 헌법재판소의 동성동본 금혼 규정에 대한 헌법 불합치 결정이 호주제 폐지에 결정적인 영향을 주었는지도 몰라요. 호주제야말로 가장 심각한 남녀 불평등을 내포하고 있었기 때문이지요.

2005년 호주제가 폐지되면서 우리 사회에는 많은 변화가 있었어요. 2005년 3월에는 호주제를 폐지하는 「민법」 개정안이 국회를 통과했고, 그 결과 2008년부터는 「가족관계의 등록 등에 관한 법률」(가족관계등록법)이 시행되었어요. 이 법의 시행으로 지금은 호적 대신 가족관계등록부가 사용되고 있어요.

가족관계등록부에는 호주와 관련된 사항이 모두 사라졌고 출생과 혼인, 사망 등 가족 관계의 변동 사항은 모두 '나'를 중심으로 기록되고 있어요. 자녀의 성과 본은 원칙적으로 아버지의 성을 따르도록 하고 있지만 부모

가 협의하면 어머니의 성과 본을 따를 수도 있게 되었어요. 또 자녀가 성과 본을 변경하길 원하면 아버지나 어머니의 청구로 법원의 허가를 받아 변경할 수 있게 되었어요. 부모의 이혼 후 아이들이 어머니와 살고 싶어 하는 경우에는 어머니의 성으로 바꿀 수도 있게 되었고, 예전에는 어머니가 동거인이었지만 이제는 아이들의 법적 친권자 지위를 누릴 수 있게 되었어요.

재혼 가정에서도 법원의 허가를 받아 자녀의 성과 본을 바꿀 수 있게 되었어요. 하지만 이런 경우에는 성과 본만 바뀔 뿐 자녀의 가족관계증명서에는 친아버지를 아버지로 기재하게 되어 있어요. 이런 불합리한 문제를 해결하기 위해 '친양자 제도'가 도입되었어요. 이것은 친아버지와의 친자 관계를 소멸하고, 친양자 입양의 절차를 거쳐 가족관계등록부에 새아버지를 아버지로 등록할 수 있게 만든 제도예요.

이처럼 호주제 폐지 이후 우리 사회는 많은 부분에서 변화했고 성 평등이 실현되었다고 평가받고 있어요. 하지만 일부에서는 호주제 폐지 이후 시행되고 있는 가족관계등록법에도 여전히 성차별적인 요소가 내재되어 있다고 주장하고 있어요.

대표적인 것이 자녀의 성과 본은 아버지의 성과 본을 따르도록 한다는 원칙이에요. 또 미혼모의 경우, 자녀를 자신의 성으로 출생 신고를 했더라도 아이의 아버지가 이를 인지하고 있다면 자동적으로 아버지의 성으로 바꿔야 한다는 규정이 있어요. 물론 이런 경우에는 예외적인 장치를 마련해 놓기는 했어요. 법원에 성 변경 신청을 하면 원래대로 어머니(미혼모)의 성으로 바꿀 수 있게 했어요. 그렇더라도 원칙적으로 아버지의 성을 따르도록 하는 것은 성차별이라고 할 수 있는 부분이에요.

　헌법재판소의 호주제 폐지 결정은 우리 사회를 어떻게 바꿔 놓았을까요? 앞에서 이야기한 것처럼 호주제 폐지 이후 등장한 가족관계등록법에는 여전히 남성 중심 원칙이 존재하지만 많은 부분에서 성차별적인 요소가 사라진 건 사실이에요. 그렇다면 호주제 폐지는 우리 사회를 좀 더 평등한 세상으로 만들었다고 말해도 되지 않을까요?

정리 노트

▶ 헌법재판소는 호주제가 호주 승계 순위, 혼인 시 신분 관계 형성, 자녀의 신분 관계 형성에 정당한 이유 없이 남녀를 차별하는 제도이며, 그로 인해 많은 가족이 현실적인 가족생활과 법률적 가족 관계를 형성하지 못함으로써 불편과 고통을 겪고 있다고 판단하여 헌법 불합치 결정을 내렸다.

▶ 2005년 3월 호주제를 폐지하는 「민법」 개정안이 국회를 통과했고, 그 결과 2008년부터는 「가족관계의 등록 등에 관한 법률」(가족관계등록법)이 시행되었다. 이 법의 시행으로 지금은 호적 대신 가족관계등록부가 사용되고 있다.

▶ 자녀의 성과 본은 원칙적으로 아버지의 성을 따르도록 하고 있지만, 부모가 협의하면 어머니의 성과 본을 따를 수도 있다. 자녀가 성과 본을 변경하길 원하면 아버지나 어머니의 청구로 법원의 허가를 받아 변경할 수 있다. 부모의 이혼 후 아이들이 어머니와 살기를 원하는 경우에는 어머니의 성으로 바꿀 수 있다.

▶ 재혼 가정에서도 법원의 허가를 받아 자녀의 성과 본을 바꿀 수 있다. 또한 친양자 제도가 도입되어 친아버지와의 친자 관계를 소멸하고, 가족관계등록부에 새아버지를 아버지로 등록할 수 있게 되었다.

05

남성에게만 병역 의무를 부과하는 것은 성차별인가?

① **심판 법률** : 「병역법」 제3조 제1항 : 대한민국 국민인 남성은 대한민국 헌법과 이 법에서 정하는 바에 따라 병역 의무를 성실히 수행하여야 한다. 여성은 지원에 의하여 현역 및 예비역으로만 복무할 수 있다.

② **심판 의뢰 시기** : 2011년

③ **결정 시기** : 2014년 2월 27일(헌법재판소 2014년 2월 27일 선고, 2011헌마825 결정)

④ **결정** : 이 사건의 심판 청구를 기각한다.

1 | 심판 의뢰 이유와 결정

이야기 읽기

◆ **남성** : 공무원 임용 시험을 볼 때 제대 군인에게 가산점을 주는 제도는 국방의 의무에 대한 보답 차원에서 이루어진 것이기 때문에 합리적인 제도라고 생각합니다.

◆ **여성** : 국방의 의무가 없는 여성들은 가산점을 받을 수 없기 때문에 이 제

도는 남녀 차별적인 제도입니다. 1999년 헌법재판소가 제대 군인 가산점 제도에 대해 위헌 결정을 내린 것은 아주 다행스러운 일이에요.

◆ **남성** : 힘들게 국방의 의무를 수행한 남성들에게 아무런 혜택도 없다면 오히려 그것이 남녀 차별 아닌가요? 그렇다면 여성들도 군대에 가야 하지 않나요?

◆ **여성** : 우리 여성들은 생리, 임신, 출산 등 여러 요인이 있기 때문에 전투에 적합하지 않아요. 이런 신체적 특징 때문에 여성에게는 병역 의무가 없는 거예요. 이것을 차별이라고 말하는 건 옳지 않아요.

대한민국 남성은 모두 일정한 나이가 되면 군대에 가야 해요. 남성들은 자신에게 부과된 국방의 의무를 신성하게 생각하고, 아무런 조건 없이 받아들이며 충실하게 군 복무를 수행해 왔어요. 하지만 모두가 국방의 의무에 대해 좋게 생각한 건 아니었어요. 국민의 의무이니까 어쩔 수 없이 군대에 가는 것이라고 생각하는 사람들도 있었어요.

지금은 군 복무 기간이 2년 이하로 줄어들었지만 과거에는 거의 3년 동안 군대 생활을 해야 했어요. 남성들은 자신의 인생을 계획하는 가장 중요한 시기에 군대에 가야 했기 때문에 여러 가지로 힘든 점도 있었을 거예요.

그래서 과거에는 권력이 있는 사람들은 여러 가지 편법을 이용하여 병역 의무를 면제받는 경우가 많았어요. 겉으로는 신성한 국방의 의무를 수행해야 한다면서 속으로는 면제받으려 했던 거지요. 물론 지금은 편법으로 병역 의무를 면제받는 경우가 거의 사라졌어요. 그만큼 우리 사회는 투명

하고 민주적인 사회가 되었어요.

　아무튼 예나 지금이나 남성들에게 병역 의무는 여전히 부담감으로 다가올 수밖에 없어요. 인생의 가장 중요한 시기에 2년 가까이 군대에서 생활해야 하기 때문이지요. 그럼에도 불구하고 대한민국 남성은 국방의 의무를 충실히 수행해 왔어요.

　그런데 어느 순간 남성에게만 병역 의무를 부과하는 것은 문제가 있다는 이야기가 흘러나왔어요. 이런 이야기가 밖으로 표출된 결정적인 사건은 제대 군인 가산점 제도 폐지였어요.

　과거에 우리나라 여성들은 남성들에 비해 많은 차별을 받으며 살아왔어요. 이런 여성들에 대한 차별은 시대가 발전하고 점차 민주적인 사회가 되면서 많은 부분이 해소되었어요. 예전에는 남성들만 했던 일을 여성들도 할 수 있게 되었고, 가정이나 사회에서 남성들과 동등한 대우를 받으며 생활할 수 있는 여건이 만들어졌어요. 물론 완전한 남녀평등이 이루어진 건 아니지만 말이에요.

과거에 남성들은 자신들에게만 부과된 병역 의무에 대해 큰 불만이 없었어요. 여성들에 비해 많은 특권을 누렸기 때문에 병역 의무는 당연하다고 받아들였을 거예요. 그런데 점차 여성들의 권리가 높아지고 사회 참여가 늘어나면서 상대적으로 남성들은 불만을 갖게 되었을 거예요.

하지만 이때까지만 해도 그것은 남자들의 푸념이었을 뿐, 밖으로 표출되지 않았어요. 그런데 1999년 헌법재판소의 '제대 군인 가산점 제도' 폐지 결정은 많은 남성들의 반발을 불러왔어요. 급기야 남성들은 그동안 마음속에서만 갖고 있었던 생각을 밖으로 표출했어요. 그것은 다름 아닌 남성에게만 부과된 병역 의무에 대한 헌법 소원이었어요.

제대 군인 가산점 제도는 1961년 「군사 원호 대상자 고용법」에 의해 처음 도입되었어요. 이 제도는 국토방위의 신성한 의무를 수행한 젊은이들을 배려하기 위해 시행되었어요. 이 제도가 시행됨으로써 7급이나 9급 공무원 임용 시험을 본 제대 군인들은 각 과목별 만점의 3~5퍼센트에 해당하는 가산점을 받을 수 있었어요. 1980년대부터는 기업체나 단체로 확대 실시되기도 했어요.

그런데 제대 군인에게만 가산점을 주다 보니, 여성이나 어쩔 수 없이 병역을 면제받은 장애인에게는 불합리한 차별이라는 주장이 나왔어요. 1999년에 공무원 임용 시험을 준비하던 여대생 다섯 명과 장애인 한 명은 제대 군인 가산점 제도가 헌법에 어긋난다며 헌법 소원을 제기했어요.

헌법재판소는 제대 군인 가산점 제도가 평등 원칙과 직업 선택의 자유를 침해했다고 판단하여 위헌 결정을 내렸어요. 헌법재판소의 결정으로 40년 가까이 시행된 제대 군인 가산점 제도는 역사의 뒤안길로 사라졌어요.

제대 군인 가산점 제도가 폐지되자, 일부 남성들은 여성들도 군대에 가야 한다고 주장했어요. 급기야 병역 의무를 남성에게만 부과한 「병역법」 제3조 제1항에 대해 헌법 소원을 제기하기에 이르렀어요. 지금까지 「병역법」 제3조 제1항에 대한 헌법 소원은 여러 차례 제기되었어요. 그때마다 헌법재판소는 각하나 기각 결정을 내렸어요.('각하'는 소송 제기의 법률적 요건을 갖추지 못해서 심리할 필요 없이 사건을 종결하는 것을 말하고, '기각'은 소송을 수리한 법원이 그 심리 결과로 소송이 이유가 없거나 적법하지 않다고 판단하여 무효를 선고하는 것을 말함.)

그럼에도 불구하고 2011년 또다시 「병역법」 제3조 제1항에 대해 헌법 소원이 제기되었어요. 헌법재판소는 이 소원에 대해 법률적 요건을 모두 갖추었다고 판단하여 심리 절차에 들어갔어요.

2014년 2월 27일, 헌법재판소는 「병역법」 제3조 제1항에 대해 재판관 전원 일치 의견으로 기각한다고 결정했어요. 헌법재판소는 남성에게만 부과된 병역 의무가 평등권을 침해한 것은 아니라고 판단한 거예요.

헌법재판소는 남성은 여성보다 전투에 적합한 신체적 능력을 갖추고 있고, 또 신체적 능력이 뛰어난 여성이라 하더라도 생리, 임신, 출산 등의 요인이 있기 때문에 전투에 적합하지 않다고 보았어요. 이런 사실을 감안할 때 남성에게만 병역을 부과하는 것은 차별이 아니라고 본 거예요.

헌법재판소는 징병제를 시행하고 있는 전 세계 70여 개 나라 중에서 여성에게 병역 의무를 부과하는 나라는 이스라엘을 비롯한 10여 개 나라에 불과하고, 그런 나라들도 남녀의 복무 내용, 조건을 다르게 규정하고 있으므로 현행「병역법」에 큰 문제가 없다고 판단했어요.

또한 여성에게 병역을 부과하게 되면 현재 남성 중심으로 설치된 군 시설을 바꾸는 데 막대한 비용이 들 수 있고, 성범죄와 군대의 기강이 해이해질 수 있기 때문에 현 상태의「병역법」이 합리적이라고 판단했어요.

지금까지「병역법」제3조 제1항에 대해 위헌 심판 청구가 여러 차례 있었지만, 그때마다 헌법재판소는 압도적인 의견으로 합헌 결정을 내렸어요.

2 | 결정에 대한 다른 생각

헌법재판소의「병역법」제3조 제1항에 대한 합헌 결정 이유를 간단하게 요약하면 여성은 남성과 비교하여 신체적으로 약하고, 약한 사람에게 병역을 면제해 주는 것은 차별이 아니라는 판단이었어요.

여성의 신체적 능력이 남성에 비해 약하다는 건 누구나 인정하는 사실일 거예요. 그렇다면 남성과 여성 모두에게 병역 의무를 부과하는 것은 문제가 될 수 있어요. 여성의 신체적 능력을 고려하지 않은 차별이 될 수 있는 거지요.

그런데 이 문제를 조금 다른 관점에서 바라볼 필요도 있어요. 과연 여성과 남성의 신체적 능력이 병역 의무와 얼마나 큰 연관 관계가 있느냐의 문제예요. 다시 말해 병역 의무가 반드시 신체적으로 과도한 능력만 요구하

는 것인지 살펴볼 필요가 있다는 이야기예요.

군대 생활은 반드시 신체적 능력이 뛰어나야만 할 수 있는 건 아니에요. 물론 그러한 일들도 있겠지만 그렇지 않은 일도 얼마든지 있어요. 여성이 할 수 있는 일이 얼마든지 있는데도 남성에게만 병역 의무를 부과하는 것은 평등권을 침해했다고 볼 수도 있어요.

헌법재판소가 합헌의 이유로 들었던 여성의 생리, 임신, 출산 등과 같은 요인도 설득력이 떨어지는 이야기예요. 임신이나 출산은 병역 의무를 수행하는 시기와 크게 상관이 없기 때문이에요. 그런 경우를 인정하더라도 병역 의무를 수행할 수 없을 정도로 심각한 것은 아니라는 점이에요.

헌법재판소는 여성에게도 병역 의무를 부과하게 되면 현재 남성 중심으로 된 시설을 보수하는 데 엄청난 비용이 들고, 성범죄와 군대의 기강이 해이해질 수 있다고 판단했는데, 이런 판단 또한 설득력이 떨어지는 의견이에요. 군 시설을 새로 만들고 보수하는 데 드는 비용이 우리 사회가 감당할 수 없을 정도는 아니며, 성범죄와 기강 해이 문제는 얼마든지 교육과 처벌을 통해 개선할 수 있는 사항이기 때문이지요.

병역 의무는 남성과 여성의 성 역할 차이에서 바라보아야 함에도 불구하고 헌법재판소는 여성의 신체적 특성에 한정하여 판단했기 때문에 오류를 범했다고 볼 수 있어요.

신체적 능력을 가지고 병역 의무를 부과하는 것이 합리적이지 않다는 판단은 외국의 사례에서도 찾아볼 수 있어요. 2019년 미국 텍사스의 한 법원은 남자만 징병 등록을 하는 것은 헌법에 위반된다고 판결했어요. 법원은 전투에서의 역할은 일률적으로 근육의 크기를 요구하지 않는다는 이유를 들어 이런 판결을 내렸던 거예요.

남성과 여성의 신체적 차이는 인정해야겠지만, 신체적 능력이나 조건과 직접 관계되지 않는 부분까지 남성에게만 병역 의무를 부과하고 있는 것은 차별이라고 볼 수 있어요.

3 │ 결정을 바라보는 눈

남성들이 「병역법」에 대해 헌법 소원을 제기하게 된 배경에는 남성들이 느끼는 부당한 역차별 때문이라고 볼 수 있어요. 남성들이 느끼는 역차별은 어떤 것일까요?

과거에는 이런 주장이 나오지 않았어요. 남성들은 여성들에 비해 많은 특권을 누리고 살았기 때문이지요. 하지만 남녀평등 개념이 자리 잡고, 제대 군인 가산점 제도마저 사라지자 상대적으로 남성들은 차별을 받는다고 생각했을 거예요.

남성들은 이런 생각을 했을 거예요. 이제 남녀가 동등한 사회가 되었는데, 왜 병역 의무는 남성들만 짊어져야 하느냐고 말이에요. 여성은 군대에 가지 않기 때문에 같은 나이의 남성보다 2년 빨리 사회에 진출할 수 있어요. 과거에는 군대 생활에 대한 혜택이 있었지만 지금은 모두 사라졌어요. 남성들은 병역 의무 때문에 오히려 역차별을 당한다고 생각했을 거예요.

여러분은 남성에게만 부과한 병역 의무에 대해 어떻게 생각하나요? 그것이 평등에 위반되는 성차별이라고 생각하나요, 아니면 남녀의 차이를 인정하는 평등이라고 생각하나요?

남성과 여성은 성별이 다르지만 대한민국의 국민이라는 개념에서는 모두 동등한 존재라고 말할 수 있어요. 이런 의미에서 본다면 남성에게만 병역 의무를 부과한 것은 분명 차별이라고 생각할 수 있어요.

여성의 신체적 특징이나 능력을 고려해야 한다고 주장해도, 여성에게 병역 의무를 부과하지 않는 것은 차별로 보일 수 있어요. 왜냐하면 앞에서도 언급했듯이 군대에는 분명 신체적 능력이 뛰어나지 않아도 근무할 수 있는 곳이 존재하기 때문이에요.

그런데 남성과 여성이 동등한 존재인가에 대해서는 깊이 생각해 볼 필요가 있어요. 남성들은 남녀가 평등한 사회가 되었는데, 남성에게만 병역을 부과하는 것은 문제가 있다고 주장했어요. 하지만 지금 우리 사회에서 남녀가 동등한 존재인지에 대해서는 고민해 볼 필요가 있다는 이야기예요.

전 세계적으로 징병제를 시행하고 있는 나라는 70여 개국 정도로 알려져 있어요. 이 중에서 남녀 모두에게 징병제를 실시하고 있는 나라는 이스라엘을 비롯하여 10여 개국에 불과해요. 최근에는 유럽을 중심으로 여성 징병제가 도입되고 있는데 노르웨이, 스웨덴, 네덜란드가 그런 나라들이에요. 스위스, 오스트리아, 덴마크 등은 여성 징병제에 대한 논의가 진행되고 있다고 해요.

2021년에 발표된 세계경제포럼의 성 격차 보고서에 따르면 여성 징병제를 도입했거나 도입할 예정인 나라들은 대부분 성차별이 적은 것으로 나타났어요. 반면에 우리나라는 조사 대상 156개국 중에서 102위를 차지해 아직도 성차별이 많이 존재하는 나라로 조사되었어요. 우리나라는 과거에 비해 남녀 차별이 많이 해소되었다고 하지만 실질적으로는 많은 부분에서 차별이 존재하고 있다는 것을 보고서를 통해서 알 수 있어요.

여성 징병제를 도입하고 있는 나라나 도입할 예정인 나라들의 성차별이 적다는 것은 무엇을 의미할까요? 그것은 여성 징병제를 도입하기 위해서는 성 평등이 먼저 선행되어야 한다는 것을 의미하는 건 아닐까요?

우리나라는 아직까지 정치·사회·경제적 측면에서 많은 부분이 남성 중심이고, 또 그렇게 진행되어 왔어요. 정치·사회·경제적으로 성 평등이 완전하게 이루어지지 않은 상태에서 여성에게 병역 의무를 부과하는 것은 옳은 판단이라고 할 수 없어요. 여성의 지위가 낮은 상태에서 여성에게 병역 의무를 부과하면, 그것은 평등이 아니라 또 다른 불평등을 낳을 수 있기 때문이에요.

여성에게 병역 의무를 부과하는 것은 우리 사회에서 성 평등이 얼마나 실현되었는지를 먼저 알아본 다음에 논의해야 될 문제라고 할 수 있어요.

정리 노트

▶ 「병역법」 제3조 제1항 : 대한민국 국민인 남성은 대한민국 헌법과 이 법에서 정하는 바에 따라 병역 의무를 성실히 수행하여야 한다. 여성은 지원에 의하여 현역 및 예비역으로만 복무할 수 있다.

▶ 헌법재판소는 남성에게만 부과된 병역 의무가 평등권을 침해한 것은 아니라고 판단하여 2014년 2월 27일 「병역법」 제3조 제1항에 대한 심판 청구를 재판관 전원 일치 의견으로 기각한다고 결정했다.

▶ 전 세계적으로 여성 징병제를 도입하고 있거나 도입할 예정인 나라들은 대부분 성차별이 적다.

▶ 여성에게 병역 의무를 부과하기 위해서는 먼저 성 평등이 완전하게 실현되고 있는지를 살펴볼 필요가 있다. 왜냐하면 성 평등이 완전하게 실현되지 않은 상태에서 여성에게 병역 의무를 부과하는 것은 또 다른 불평등을 낳을 수 있기 때문이다.

06
인터넷 실명제는
표현의 자유를 침해하는가?

① **심판 법률** : 「공직선거법」 제82조의 6 제1항 : ① 인터넷 언론사는 선거운동 기간 중 당해 인터넷 홈페이지의 게시판·대화방 등에 정당·후보자에 대한 지지·반대의 문자·음성·화상 또는 동영상 등의 정보를 게시할 수 있도록 하는 경우에는 행정안전부장관 또는 「신용정보의 이용 및 보호에 관한 법률」 제2조 제5호에 따른 개인신용평가회사가 제공하는 실명 인증 방법으로 실명을 확인받도록 하는 기술적 조치를 하여야 한다.

「공직선거법」 제261조 제1항 제1호 : 제82조의 6 제1항을 위반하여 기술적 조치를 하지 아니한 자에게는 1천만 원 이하의 과태료를 부과한다.

② **심판 의뢰 시기** : 2012년

③ **결정 시기** : 2015년 7월 30일[헌법재판소 2015년 7월 30일 선고, 2012헌마 734·2013헌바338(병합) 결정]

④ **결정** : 심판 청구를 기각한다. 「공직선거법」 제82조의 6 제1항, 제261조 제1항 제1호는 헌법에 위반되지 아니한다.

1 | 심판 의뢰 이유와 결정

이야기 읽기

◆ **정부와 국회** : 인터넷상에 정부 비판 글이 너무 무분별하게 올라오고 있습니다. 여론을 왜곡하여 올리는 경우도 많습니다. 앞으로는 실명 인증을 한 후에 글을 올릴 수 있도록 조치하겠습니다.

◆ **네티즌** : 실명을 사용하면 비판적인 글을 올릴 때는 부담스러울 수밖에 없습니다. 이는 개인 표현의 자유를 침해하는 것입니다. 즉각 폐지해야 합니다.

◆ **정부와 국회** : 인터넷 실명제는 건전한 인터넷 문화를 만들기 위해 시행하는 것입니다. 실명 인증과 개인 표현의 자유는 아무런 관계가 없습니다.

◆ **네티즌** : 인터넷 실명제는 헌법에서 보장하고 있는 개인 표현의 자유를 침해하는 법률입니다. 헌법재판소에 헌법 소원을 제기하겠습니다.

인터넷 실명제는 '인터넷을 사용하는 사람의 이름과 주민등록번호가 확인되어야만 인터넷 게시판이나 대화방에 글이나 자료를 올릴 수 있도록 하는 제도'를 말해요.

인터넷 실명제 도입은 2002년 대통령 선거 이후 본격적으로 논의되기 시작했어요. 2002년 대통령 선거에서 당선된 노무현 대통령은 인터넷의 영향력으로 당선되었다고 할 정도로 인터넷의 도움을 많이 받았어요. 당시 상대 후보에 비해 열세였던 노무현 후보자가 인터넷 기반의 팬클럽과 언론으로부터 큰 혜택을 받았기 때문이에요.

자유로운 의사 표현과 소통의 공간이 된 인터넷은 우리 모두에게 엄청난 영향력을 끼치고 있어요.

2002년 대선 이후 정치권은 인터넷의 영향력을 실감하게 되었어요. 대통령을 배출한 정당이나 그렇지 못한 정당이나 모두 인터넷에 관심을 가질 수밖에 없었지요.

그런데 인터넷의 영향력은 정치권에서 생각하고 있던 것과는 다른 방향으로 흘러가기 시작했어요. 정부에서 추진한 여러 정책에 대한 비판 여론이 인터넷을 통해 폭발적으로 일어났기 때문이에요. 인터넷의 영향력으로 탄생한 정부가 인터넷에 의해 곤욕을 치르게 되는 정반대 현상이 일어났던 거예요. 인터넷의 영향력으로 대선에서 피해를 본 야당 또한 인터넷의 영향력이 커지는 데에는 두려움이 있었어요. 항상 정부와 여당에 대해 반대 입장을 취했던 야당은 인터넷 문제에 대해서는 한목소리를 냈어요.

2004년 3월, 국회는 「공직선거법」 개정안을 통과시켰는데, 그 핵심 내용은 선거 기간 중 인터넷 실명제의 시행이었어요. 이로써 인터넷 언론사는 네티즌이 게시판이나 대화방에 선거 관련 글을 올릴 때에는 반드시 이름과 주민등록번호를 확인할 수 있는 기술적인 조치를 마련해야 했어요. 또 국회는 네티즌이 선거 기간 중 인터넷상에 글을 올릴 때에는 전자 서명을 이용한 실명 확인을 거치도록 하는 법안까지 마련했어요.

이렇게 정부와 국회가 인터넷 실명제를 도입하자 인터넷 언론사와 여러 시민 단체, 많은 시민들은 즉각 실명제 폐지 운동과 불복종 운동을 전개했어요. 당시 인터넷 실명제 반대 운동은 생각보다 거셌고, 국회의원 선거가 얼마 남지 않은 시점이었기 때문에 정치권도 당황했어요. 시민들의 비난 여론이 거세지자 선거관리위원회는 2004년 4월 15일 선거에 대해서는 인터넷 실명제를 위반해도 과태료를 부과하지 않겠다고 선언했어요. 하지만 이듬해부터 인터넷 실명제는 본격적으로 시행되었어요.

인터넷 실명제가 시행되자 네티즌들의 활동은 급격하게 위축되었어요. 국내 활동에 부담을 느낀 네티즌들은 해외 사이트를 이용하는 경우가 많아졌어요. 인터넷 중심의 정보 통신 기술은 나날이 발전했고, 정부도 그에 발맞춰 선거 때마다 인터넷에 대한 규제를 강화했어요.

2007년 7월, 정부와 국회는 「정보통신망 이용 촉진 및 정보 보호 등에 관한 법률」(정보통신망법)에 의해 하루 평균 이용자 수가 30만 명 이상인 인터넷 게시판을 대상으로 인터넷 실명제를 전격 시행했어요. 「정보통신망법」에 의한 인터넷 실명제 도입으로 선거 기간이 아니어도 인터넷상에 글을 올릴 때에는 실명 확인을 거쳐야 했어요. 2009년에는 「정보통신망법」을

개정하면서 하루 평균 방문자 수가 10만 명 이상인 인터넷 사이트에 대해

서도 인터넷 실명제를 시행했어요.

이처럼 인터넷에 대한 규제가 심해지자 네티즌과 시민 단체는 인터넷 실

명제가 헌법에 보장된 개인 표현의 자유를 침해한다며 헌법 소원을 준비

했어요.

2008년 처음으로「공직선거법」의 인터넷 실명제에 대한 위헌 심판 청구

가 제기되었어요. 하지만 이 청구에 대해 헌법재판소는 2010년 2월 25일

인터넷 실명제가 합헌이라는 결정을 내렸어요.(합헌 7명, 위헌 2명)

헌법재판소가「공직선거법」의 인터넷 실명제에 대해 합헌 결정을 내리

기 한 달 전인 2010년 1월 25일에는「정보통신망법」의 인터넷 실명제에 대

한 위헌 심판 청구가 제기되었어요. 이 청구에 대해 헌법재판소는 2012년

8월 23일 인터넷 실명제가 표현의 자유와 개인 사생활을 침해한다고 판단하여 재판관 전원 일치 의견으로 위헌 결정을 내렸어요. 헌법재판소의 위헌 결정으로 2007년 시행된 「정보통신망법」의 인터넷 실명제는 시행 5년 만에 그 효력을 상실했어요. 하지만 「공직선거법」의 인터넷 실명제는 여전히 남아 있었어요. 2010년 헌법재판소가 합헌 결정을 내렸기 때문이에요.

「정보통신망법」의 인터넷 실명제에 대한 위헌 결정 1주일 후인 2012년 8월 30일, 이번에는 「공직선거법」의 인터넷 실명제에 대한 헌법 소원이 다시 제기되었어요. 그리고 1년여가 지난 2013년 10월 인터넷 실명제에 대한 헌법 소원이 추가로 제기되었어요. 헌법재판소는 두 사건을 병합 처리하기로 결정하고 심의에 들어갔어요.

2015년 7월 30일, 헌법재판소는 「공직선거법」의 인터넷 실명제가 헌법에 위반되지 않는다고 결정했어요.(합헌 5명, 위헌 4명) 「정보통신망법」의 인터넷 실명제와 반대되는 결정을 한 거예요.

헌법재판소는 왜 같은 인터넷 실명제에 대해 다른 결정을 내렸을까요? 헌법재판소가 「공직선거법」의 인터넷 실명제를 합헌이라고 판단한 가장 큰 이유는 선거의 공정성 확보 때문이었어요. 헌법재판소는 선거 기간 중 인터넷 언론사 게시판 등을 통한 흑색선전이나 허위 사실이 유포될 경우 광범위하고 신속한 정보의 왜곡이 일어날 수 있다고 판단하여 합헌 결정을 내렸던 거예요.

헌법재판소는 실명 확인을 선거 기간 중으로 한정하고 있는 점, 그 대상을 인터넷 언론사의 게시판 등에 후보자에 대한 지지나 반대의 정보를 게시하는 경우로 제한하고 있는 점, 인터넷 이용자는 실명 확인을 받고 정보

「공직선거법」의 인터넷 실명제에 대한 헌법재판소의 결정	
첫 번째 결정(2010년 2월)	합헌 7 〉 위헌 2 - 합헌
두 번째 결정(2015년 7월)	합헌 5 〉 위헌 4 - 합헌

두 번의 결정에서 위헌 의견이 두 명 더 늘었지만 결과는 바뀌지 않았어요.

를 게시할 것인지 여부를 선택할 수 있는 점, 실명 확인에 따른 별다른 시간과 비용이 소요되지 않는 점, 실명 확인 후에도 게시자의 개인 정보가 노출되지 않는 점 등의 이유를 들어 인터넷 실명제가 개인 정보 자기 결정권 및 인터넷 언론사의 언론의 자유를 침해하지 않는다고 판단했어요.

헌법재판소의 결정으로 「정보통신망법」의 인터넷 실명제는 사라졌지만 「공직선거법」의 인터넷 실명제는 지금까지 우리 사회에 남아 있게 되었어요.

2 | 결정에 대한 다른 생각

지금까지 인터넷 실명제에 대한 헌법 소원은 크게 세 번 제기되었어요. 한 번은 「정보통신망법」의 인터넷 실명제에 대한 헌법 소원이었고, 두 번은 「공직선거법」의 인터넷 실명제에 대한 헌법 소원이었어요. 여기에서 「정보통신망법」의 인터넷 실명제는 재판관 전원 일치 의견으로 위헌이라는 결정이 나왔고, 「공직선거법」의 인터넷 실명제에 대해서는 두 번 모두 합헌이라는 결정이 나왔어요.

두 번의 합헌 결정을 구체적으로 살펴보면 첫 번째 결정에서는 재판관 7 대 2의 의견으로 합헌 결정이 내려졌고, 두 번째 결정에서는 재판관 5 대 4의 의견으로 합헌 결정이 내려졌어요. 인터넷 실명제가 위헌이라는 의견이 첫 번째 결정보다 두 명 더 늘어났지만 결과를 뒤집지는 못했어요.

인터넷 실명제를 찬성하는 사람들은 이 제도가 공정 선거를 해치는 악의적 의사 표현을 막기 위함이라고 주장해요. 하지만 이런 주장은 조금 잘못된 생각이에요. 악의적 표현들은 선거를 둘러싼 여러 정치·사회적 조건이 변수로 작용해서 나타나는 것이지, 익명 표현을 허용해서 나타나는 것은 아니기 때문이지요.

또한 인터넷 실명제가 시행되면 악의적인 의사 표현뿐만 아니라 유익한 의사 표현까지 규제받을 수도 있어요. 이것은 오히려 선거의 공정성에 장애가 되는 행위예요. 장점과 단점이 있는 어떤 사안에 대해 단점을 우려하여 장점마저 차단하는 것은 합리적인 판단이라고 볼 수 없어요.

더구나 선거 운동 기간 중에는 국민의 정치적 의사 표현을 최대한 보장해 주어야 해요. 후보자는 국민의 뜻을 정책에 반영해야 하기 때문이지요. 그런데 인터넷 실명제가 시행되면 정치적 의사 표현은 위축될 수밖에 없어요.

표현의 자유를 보장하는 것은 민주주의의 근간이 되는 중요한 헌법적 가치예요. 민주주의 사회에서 선거의 공정성 유지가 반드시 개인 표현의 자유보다 더 우위에 있거나 가치 있다고 단정할 수는 없어요. 오히려 개인 표현의 자유를 보장할 때 더 공정한 선거가 될 수도 있는 거예요.

지금은 많은 사람들이 인터넷을 통해 자신의 정치적 의사를 표현하고 있어요. 민주주의는 정치에 대한 국민들의 무관심이 아닌 적극적인 관심과 참여로 발전할 수 있어요. 지금은 정당 활동이나 거리로 직접 나가지 않아도 누구나 인터넷을 통해 정치적 표현을 할 수 있어요. 그런데 인터넷 실명제가 시행되면 이런 국민들의 정치적 표현 활동은 위축될 수밖에 없고, 결국 국민들을 정치에서 멀어지게 하는 결과를 초래할 수 있어요.

어떤 사람들은 당당하게 자신을 밝히고 정치적 의사를 표현하는 것이 뭐가 문제냐고 말할 수도 있어요. 오히려 실명으로 의사를 밝히는 것이 더 적극적인 정치 참여라고 말하기도 해요.

하지만 실명으로 자신의 의사를 밝히기 어려운 점도 있어요. 평소에 조금 거친 표현을 사용해 자신의 의사를 표현하는 사람은 명예훼손이나 모욕죄 같은 처벌을 받을 수 있다는 우려 때문에 부담감을 느낄 수밖에 없어요. 적극적으로 자신의 의사를 표현하던 사람도 이런 우려 때문에 쉽게 의사를 표현할 수 없게 되고, 결국은 정치에서 멀어지게 되는 부작용을 낳을 수도 있는 거예요.

인터넷 실명제는 국민들을 정치에서 멀어지게 만드는 제도이며, 민주주의의 발전에도 걸림돌이 되는 제도라고 할 수 있어요.

3 | 결정을 바라보는 눈

헌법재판소는 2012년 「정보통신망법」의 인터넷 실명제에 대해서는 재판관 전원 일치 의견으로 위헌 결정을 내렸지만, 3년 뒤인 2015년 「공직선거법」의 인터넷 실명제에 대해서는 합헌 결정을 내렸어요. 2015년 헌법재판소의 결정 이후 많은 사람들은 헌법재판소가 모순된 결정을 내렸다고 지적했어요.

헌법재판소가 왜 이런 결정을 내렸는지 조금 깊게 생각해 볼 필요가 있어요. 인터넷 실명제가 시행되면서 가장 크게 논란이 되었던 점은 이 제도가 개인 표현의 자유를 침해한다는 데 있었어요. 즉 인터넷 실명제가 개인 표현의 자유를 침해하느냐, 그렇지 않느냐의 판단이었지요.

2012년 헌법재판소는 인터넷 실명제가 개인 표현의 자유를 침해하고 있다고 판단했어요. 그런데 2015년에는 그렇지 않다고 판단했어요. 이렇게 서로 다른 판단이 나오게 된 배경에는 '선거'라는 특수성이 작용했어요. 다시 말해 헌법재판소는 적어도 선거 기간 중에는 인터넷 실명제가 합헌이라고 판단한 거예요.

헌법재판소는 개인 표현의 자유보다 선거라는 특수 사항이 더 중요하다고 판단했던 거예요. 그렇다면 선거가 개인 표현의 자유보다 더 중요할까요? 이 문제는 다시 논의할 필요가 있겠지만 이에 동의하지 않는 사람도 많아요.

그런데 헌법재판소는 왜 이런 결정을 내렸을까요? 선거는 어떤 조직이나 사회를 이끌어 가는 사람을 뽑는 매우 중요한 행위라고 말할 수 있어요. 국가가 발전하는 데 지도자의 역할이 얼마나 중요한지를 생각해 보면 선거는 분명 가볍게 여길 수 없는 행위예요.

만약 어떤 사람의 악의적 표현이나 거짓 표현 때문에 우수한 인재가 선거에서 떨어졌다고 가정해 보세요. 그건 후보자 개인뿐 아니라 조직이나 사회, 국가 모두가 치명적인 피해를 입는 거예요. 헌법재판소는 이런 특수성을 감안하여 인터넷 실명제가 적어도 선거 기간 중에는 필요하다고 판단했던 거예요.

그런데 여기서 눈여겨볼 점이 있어요. 동일한 성격의 법이 어떤 상황에서는 불법이 되고, 또 어떤 상황에서는 합법이 된다는 사실이에요. 법은 언제나 공정하고 일관성이 있어야 하는데, 상황에 따라 합법이 될 수도 있고 위법이 될 수 있다면 과연 그 법이 올바르다고 할 수 있을까요?

지금은 많은 사람들이 인터넷을 통해 정보를 주고받고, 정치에 직간접적으로 참여하고 있어요. 또 인터넷을 통해 국민은 더 똑똑해졌고, 더 합리적인 판단을 할 수 있는 시각도 갖게 되었어요. 이제는 어느 한쪽의 말만 듣고 쉽게 판단하지 않는다는 거예요.

헌법재판소는 악의적 표현이나 거짓 표현으로 인해 피해를 볼 수 있기 때문에 인터넷 실명제가 필요하다고 판단했지만 인터넷 시대에 사는 국민은 그렇게 어리석지 않아요. 인터넷 게시판에는 악의적 표현이나 거짓 표현도 있겠지만 정확하고, 공정하며, 진실을 이야기하는 표현도 함께 있어요. 국민들은 이런 여러 이야기를 모두 들어 보고 자신의 의사를 표출하지, 한 가지 이야기만 듣고 표출하지는 않아요. 그러니까 헌법재판소의 판단은 걱정과 기우에 불과하다고 할 수 있어요.

선거 기간 중에 인터넷 실명제를 시행한다는 것은 곧 인터넷을 통제하는 행위예요. 하지만 지금 시대에 실명제로 인터넷을 통제하는 것은 불가능해요. 왜냐하면 인터넷은 세계를 연결하는 통신망이고, 외국 인터넷 기업에는 실명제를 강제할 수 없기 때문이에요. 지금은 많은 네티즌이 선거 기간에 외국 인터넷 서비스를 이용하기 때문에 인터넷 실명제를 시행하는 목적이 별 의미가 없어진 상황이 되어 버렸어요. 게다가 선거 기간 중 인터넷 실명제가 계속 유지된다면 우리나라의 인터넷 서비스 회사들은 조만간 외국의 인터넷 서비스 회사에 그 자리를 내줄 수도 있어요.

「정보통신망법」의 인터넷 실명제가 사라지면서 국민 개개인은 더 자유롭게 의사 표현을 하게 되었고, 그 결과 우리 사회는 더 민주적으로 변화할 수 있었어요. 인터넷 실명제를 시행하는 목적이 별 의미가 없어진 지금, 「공직선거법」의 인터넷 실명제가 계속 남아 있어야 할까요? 국민의 정치 참여가 더 높아지고, 더 발전된 정치 선진국이 될 수 있는 방법이 무엇인지 곰곰이 생각해 볼 시점이에요.

정리 노트

▶ 인터넷 실명제는 인터넷을 사용하는 사람의 이름과 주민등록번호가 확인되어야만 인터넷 게시판이나 대화방에 글이나 자료를 올릴 수 있도록 하는 제도이다.

▶ 인터넷 실명제는 2004년 「공직선거법」과 2007년 「정보통신망법」에 의해 시행되었고, 「정보통신망법」의 인터넷 실명제는 2012년 헌법재판소가 표현의 자유와 개인 사생활을 침해한다는 이유로 위헌 결정을 내리면서 폐지되었다.

▶ 2015년 헌법재판소는 선거의 공정성을 확보하기 위해서는 인터넷 실명제가 필요하다고 판단하여 「공직선거법」의 인터넷 실명제에 대해서는 합헌 결정을 내렸다.

07

김영란법은 우리 사회를 더 청렴하게 만들었는가?

① **심판 법률** : 「부정 청탁 및 금품 등 수수의 금지에 관한 법률」(청탁금지법)

② **심판 의뢰 시기** : 2015년

③ **결정 시기** : 2016년 7월 28일(헌법재판소 2016년 7월 28일 선고, 2015헌마236 결정)

④ **결정** : 청구인 사단법인 한국기자협회의 심판 청구를 각하한다. 나머지 청구인들의 심판 청구를 모두 기각한다.

1 │ 심판 의뢰 이유와 결정

이야기 읽기

검사, 변호사 등이 고가의 금품을 받아 기소되었다. 그런데 모두 직무와 관련이 없고, 대가성이 없다는 이유로 무죄 판결을 받았다. 이에 국민들은 분노했다.

◆ **김영란 국민권익위원장** : 공무원은 직무와 관련이 없고, 대가성이 없더라

도 금품을 주고받아서는 안 됩니다. 부정한 청탁이나 업무 중에 사사로운 이익을 추구해서도 안 됩니다. 이를 어길 경우 강력하게 처벌하는 법을 만들어야 합니다.

◆**정부와 국회** : 취지는 공감하지만 직무와 관련이 없는데도 처벌하는 건 조금 문제가 있습니다. 이 문제에 대해서는 조금 더 논의를 해 봐야 합니다.

김영란 위원장이 제안한 「청탁금지법」은 결정을 내리지 못한 채 한동안 국회에서 표류하고 있었다. 그러다가 2014년 세월호 침몰 사고가 터지면서 급물살을 타게 되었다. 세월호 침몰 원인을 규명하는 과정에서 공무원들의 부정부패가 있었다는 사실이 밝혀졌기 때문이다.

◆**정부와 국회** : 「청탁금지법」이 국회를 통과했습니다. 공무원뿐 아니라 사립 학교 교원과 언론인도 모두 이 법의 적용 대상입니다. 그리고 직무와 관련이 없고, 대가성이 없는 것이라 하더라도 처벌하겠습니다.

◆**사립 학교 교원 및 언론인** : 이 법의 적용 대상에 사립 학교 교원과 언론인을 포함시키면 언론의 자유와 교육의 자주성을 침해할 수 있습니다. 이 법에 대한 헌법재판소의 판단을 들어 봐야 합니다. 헌법 소원을 제기하겠습니다.

'김영란법'의 공식 명칭은 「부정 청탁 및 금품 등 수수의 금지에 관한 법률」이고, 공식적인 약칭은 「청탁금지법」이에요. 우리에게는 김영란법으로 많이 알려져 있지요. 이 법은 2015년 3월에 제정되었고, 2016년 9월부터 시행되었어요.

　김영란은 우리나라 최초의 여성 대법관을 지낸 인물인데, 처음으로 「청탁금지법」을 제안했어요. 그래서 많은 사람들이 김영란법이라고 부르게 된 거예요. 「청탁금지법」은 공직자의 부정부패를 방지하기 위해 제정된 법률이에요. 처음에는 공직자만 적용 대상이었는데 법이 제정되면서 공직자뿐만 아니라 언론인과 사립 학교 교원까지 그 범위가 확대되었어요. 공직자나 언론인, 사립 학교 교원이 1회 100만 원, 연 300만 원을 초과하는 금품을 받았을 경우 형사 처벌한다는 것이 이 법률의 주요 내용이에요.

　공직자의 부정부패를 없애려는 노력은 예전부터 있었지만 쉽게 사라지지 않았어요. 그런 까닭에 부정부패를 없애려는 노력은 꾸준히 계속되었어요. 2002년에는 「부패방지법」을 제정하여 부정부패에 대한 처벌을 강화했고, 2008년에는 「부패방지 및 국민권익위원회의 설치와 운영에 관한 법률」을 제정하여 부패 방지와 국민의 권리를 보호하기 위해 심혈을 기울였어요. 이 법률에 의해 설치된 기관이 '국민권익위원회'인데, 부패 방지와 국민의 권리를 보호하고 구제하기 위해 만든 국무총리 소속의 중앙 행정기관이에요.

　당시에는 국민고충처리위원회, 국가청렴위원회, 국무총리행정심판위원회 등 여러 기관이 있었는데 국민권익위원회가 설립되면서 모든 기관의 업무를 통합해서 처리하게 되었어요. 국민에게 보다 편리하고 신속한 서비스를 제공하기 위해 여러 기관의 기능을 통합하여 국민권익위원회를 발족하게 된 거예요.

　국민권익위원회가 출범했지만 공직자의 부정부패는 끊임없이 발생했

어요. 대표적인 사건이 '스폰서 검사 사건'과 '벤츠 검사 사건'이에요. 스폰서 검사 사건은 경상남도 일대의 대형 건설 회사가 오랫동안 100명 이상의 전·현직 검사에게 금품과 향응을 제공한 사건이었어요. 검찰은 초기에 과거의 잘못을 바로잡고 관련자들을 처벌하겠다고 했지만 결국 이 사건의 당사자들은 법원에서 무죄 판결을 받았어요. 벤츠 검사 사건은 부장판사 출신의 변호사가 현직 검사에게 벤츠 승용차 등 고가의 금품을 제공한 사건이에요. 이 사건에서도 검찰은 신속하게 수사를 진행하고 관련자를 기소했지만 관련자들은 대법원에서 무죄 판결을 받았어요.

이처럼 금품을 주고받은 사실이 명확한데도 법원은 무죄 판결을 내렸어요. 그 이유는 간단했어요. '대가성과 직무 관련성이 없다.'는 것이었어요. 당시 법률로는 대가성과 직무 관련성이 없으면 금품을 주고받아도 처벌할 수 없었던 거예요. 법원의 판단에 많은 국민은 분노했고, 새로운 법을 만들어야 한다는 여론이 거세게 일어났어요.

2011년, 당시 국민권익위원회의 김영란 위원장은 국무회의에서 '공직자의 청탁 및 사익 추구 금지법'을 처음 제안했고, 2012년에는 공직자가 금품 등 100만 원을 초과하여 수수하면 형사 처벌한다는 내용의 '부정 청탁 및 이해충돌 방지법'을 입법 예고했어요. 일명 김영란법이 세상에 모습을 드러내는 순간이었어요.('이해충돌'이란 공직자가 업무 수행 중에 사적인 이익을 추구하는 것을 말함.)

그런데 김영란법은 정부안으로 확정되는 과정에서 그 근본 취지에서 멀어지는 결과를 가져왔어요. 처음에 김영란법의 핵심 내용은 직무 관련성 여부를 떠나 강력한 처벌이었어요. 하지만 정부안은 금품 수수의 대상이 직무와 관련되어 있거나 영향력을 행사할 수 있는 대상으로 축소되었고, 처벌 또한 대폭 약화되었어요.

김영란법에 대한 국민들의 지지는 상당히 높았지만 법무부와 부처 간 이견으로 상당한 진통을 겪다가 결국 원안에서 크게 약화된 내용으로 2013년에 국무회의를 통과했어요. 국무회의를 통과한 법안은 곧바로 국회에 제출되었지만 국회에서도 법의 적용 대상 문제로 결론을 내지 못한 채 표류하고 있었어요.

김영란법이 국회에서 표류하고 있을 때 세월호 침몰 사고가 발생했어요. 그런데 세월호 침몰 원인을 규명하는 과정에서 '관피아' 문제가 대두되었어요. 관피아는 '관료'와 이탈리아 범죄 조직인 '마피아'의 합성어예요. 이 말은 공직을 퇴직한 사람이 관련 기업에 재취업하거나 학연, 지연 등을 이용해 마피아처럼 거대한 세력을 만들어 자신의 이익을 추구하는 것을 비판하는 말이에요. 세월호가 침몰한 원인 중 하나가 이런 관피아들 때문이라는 것이 밝혀지자, 부정부패를 없애자는 여론이 다시 거세게 일어났어요.

국민들의 여론이 거세지자 국회에서 표류하고 있던 김영란법은 급물살을 타기 시작했어요. 게다가 정부안이 되면서 약화되었던 부분이 다시 원안으로 바뀌거나, 오히려 더 강화해야 한다는 주장이 힘을 얻게 되었어요.

2015년, 국회 정무위원회는 초기 원안이나 정부안과 다른 내용을 포함하는 김영란법을 만들었어요. 국회 정무위원회는 법률의 명칭을 「부정 청탁 및 금품 등 수수의 금지에 관한 법률」(청탁금지법)로 정했고, 법의 적용 대상을 공직자 외에 사립 학교 교원과 언론인까지 확대했어요. 또 직무와 관련이 없더라도 동일인에게 금품 등을 수수하면 처벌할 수 있게 함으로써 원안의 내용을 그대로 반영했어요. 그러나 이해충돌 방지에 관한 규정은 삭제했어요. 원안에서 가장 중요한 요소 중 하나가 이해충돌 방지에 관한 규정이었는데, 이것이 삭제된 것은 아쉬운 부분이었어요.(이때 삭제된 「이해충돌 방지법」은 법안이 발의된 지 8년이 지난 2021년 4월 29일 국회 본회의에서 통과되어 2022년 5월부터 시행될 예정임.)

이렇게 새롭게 만들어진 「청탁금지법」은 2015년 3월 3일 국회 본회의에서 통과되어 3월 27일에 공포되었어요. 하지만 「청탁금지법」은 곧바로 사립 학교 교원과 언론인을 적용 대상에 포함시키는 문제와 몇 가지 사항에서 위헌성 문제가 제기되었고, 결국 헌법재판소의 심판을 받게 되었어요.「청탁금지법」은 시행되기도 전에 헌법재판소의 심판대에 오르게 된 거예요.

2015년 한국기자협회, 인터넷 신문사의 대표와 기자, 사립 유치원 원장, 사립 학교장과 직원 등은「청탁금지법」이 언론의 자유, 양심의 자유, 평등권, 교육의 자주성, 대학의 자율성을 침해한다며 각각 헌법 소원을 제기했어요. 헌법재판소는 각 심판 청구에 대해 병합하여 심의하기로 결정했어요.

청구인들이「청탁금지법」에 대해 위헌성을 판단해 달라고 한 내용의 핵심 쟁점은 네 가지였는데 '언론인과 사립 학교 교원을 공직자에 준하여 법을 적용하는 것이 언론의 자유와 행동 자유권을 침해하는지, 부정 청탁 금지를 규정한 법 조항이 명확한지, 배우자에 대한 신고 의무를 부과한 것이 양심의 자유 등을 침해하는지, 금품 등 수수 금지 행위에 대한 규제 한도액을 법률이 아닌 대통령령으로 정하도록 위임한 것이 합당한지'였어요.

2016년 7월 28일, 헌법재판소는「부정 청탁 및 금품 등 수수의 금지에 관한 법률」에 제기된 네 가지 쟁점 모두에 대해 합헌 결정을 내렸어요. 특히 한국기자협회의 청구에 대해서는 협회가 구성원인 기자를 대신해 헌법 소원을 청구할 수 없다는 이유로 각하 결정을 내렸고, 나머지 청구에 대해서는 모두 기각 결정을 내렸어요.

헌법재판소는 언론과 교육이 국가나 사회 전체에 미치는 영향력이 크고, 이들 분야의 부패는 그 파급 효과가 커서 피해가 광범위하고 장기적이기 때문에 언론인과 사립 학교 교원을 법 적용 대상에 포함시키는 것은 정당

	「청탁금지법」에 대한 헌법재판소의 결정	
1	언론인과 사립 학교 교원을 법 적용 대상에 포함시키는 것이 합당한지의 여부	합헌 7 〉 위헌 2 - 합헌
2	부정 청탁 금지를 규정한 법 조항이 명확한지의 여부	합헌 9 - 합헌
3	배우자의 신고 의무가 양심의 자유를 침해하는지의 여부	합헌 5 〉 위헌 4 - 합헌
4	금품 등 수수 금지 행위에 대한 규제 한도액을 대통령령으로 정하도록 위임한 것이 합당한지의 여부	합헌 5 〉 위헌 4 - 합헌

「청탁금지법」의 네 가지 쟁점에 대해 헌법재판소는 모두 합헌 결정을 내렸어요.

하다고 판단했어요.(합헌 7명, 위헌 2명)

부정 청탁 금지를 규정한 법 조항이 명확한지에 대해서는 부정 청탁의 대상이 되는 업무들이 법에 열거되어 있기 때문에 그 의미가 명확하다고 판단했어요.(합헌 9명)

배우자의 신고 의무를 부과한 것에 대해서도 배우자의 신고 의무는 공정한 직무 수행을 위해 필요하고, 비위 사실을 알고도 신고하지 않은 배우자의 자기 책임을 묻는 것이기 때문에 양심의 자유를 침해하지 않는다고 판단했어요.(합헌 5명, 위헌 4명)

금품 등 수수 금지 행위에 대한 규제 한도액을 법률이 아닌 대통령령으로 정하도록 위임한 것이 합당한지에 대해서도 경조사비, 선물, 음식물 등의 한도액은 일률적으로 법률에 규정하기 곤란한 측면이 있으므로 대통령령에 위임할 필요성이 인정된다고 판단했어요.(합헌 5명, 위헌 4명)

김영란법, 정확하게 말하면 「부정 청탁 및 금품 등 수수의 금지에 관한 법률」은 2015년 3월 국회에서 통과되자마자 헌법재판소의 심판을 받았고, 2016년 7월 28일 헌법재판소에서 합헌 결정을 받으면서 2016년 9월 28일 시행될 수 있었어요.

2 | 결정에 대한 다른 생각

헌법재판소는 「청탁금지법」에 제기된 네 가지 쟁점에 대해 재판관 일부의 반대 의견도 있었지만 모두 합헌이라는 결정을 내렸어요. 여러 쟁점 중 가장 논란이 되었던 것은 법 적용 대상을 공직자뿐만 아니라 언론인과 사립 학교 교원까지 확대한 것이 합당한지에 대한 판단이었어요.

헌법 소원 청구인들은 「청탁금지법」의 법 적용 대상에 언론인과 사립 학교 교원까지 포함하게 되면 언론의 자유와 일반적 행동 자유권을 침해받을 수 있다고 주장했어요. 이에 대해 헌법재판소는 언론인과 사립 학교 교원은 공직자에 준하는 청렴성이 필요하기 때문에 법 적용 대상에 포함시키는 것이 정당하다고 판단했어요.

그런데 언론인과 사립 학교 교원의 업무를 공직자의 업무와 동일한 수준으로 판단하는 것이 합당한지에 대해서는 살펴볼 필요가 있어요. 언론사와 사립 학교가 일부 공적인 업무를 수행하는 것은 사실이에요. 하지만 엄격하게 구분하면 이들은 모두 사기업이지 공공 기관이 아니에요. 공적인 업무를 수행하는 것과 공공 기관은 명확히 구분되는 개념이에요. 업무의 성격상 공공성이 인정된다는 이유로 사기업과 공공 기관의 본질적인 차이를 무시하고 동일한 잣대를 적용하는 것은 합리적이지 못한 판단이에요.

사기업에 근무하는 사람들끼리 호의로 베푼 사소한 선물까지도 모두 「청탁금지법」에 해당된다면 그것은 언론인들과 사립 학교 교원들의 행동 자유권을 침해하는 것이기 때문에 헌법에 위반된다고 볼 수 있어요.

「청탁금지법」이 시행되면 국내 경제(내수 시장)가 위축될 거라는 주장도 많이 제기되었어요. 이 법이 생기기 전에는 밥값이나 선물 비용으로 많은 금액을 지출했는데, 이 법이 시행되면 그런 소비가 위축되어 내수 시장이 얼어붙는다는 것이었어요.

예를 들어 스승의 날이나 졸업식 때, 평소 고마운 분들에게 감사 인사를 하기 위해 식사를 대접하거나 선물하는 것은 우리의 좋은 풍습이에요. 이런 풍습은 부정 청탁과 거리가 멀지만 「청탁금지법」이 시행되면 아무것도 할 수 없게 되고, 내수 시장은 위축될 수밖에 없다는 주장이었어요.

밥값이나 선물 비용이 줄어들어 내수 시장이 얼어붙을 것이라는 주장은 상당히 일리가 있었지만 결과는 그렇지 않았어요. 「청탁금지법」은 아예 선물을 못하도록 규정한 법이 아니기 때문이에요. 5만 원 이하의 선물과 3만 원 이하의 밥값은 법에 저촉되지 않았기 때문에 내수 시장이 위축되리라는 주장은 설득력이 떨어졌어요. 비싼 선물을 하고 비싼 음식을 먹어야 경제가 살아나는 것은 아니기 때문이지요. 실제로 비싼 음식점이나 특급 호텔 등의 매출액은 줄어들었지만 음식점은 오히려 매출이 늘어났다는 통계가 나왔어요. 이런 통계로 미루어 볼 때 기업들은 접대비로 결제할 수 있는 금액이 제한되자 소비 방식을 바꾸어 상대적으로 저렴한 곳에서 소비를 늘린 것이었어요.

고마운 분들에게 선물을 하는 풍습이 사라질 것이라는 우려도 설득력이 없었어요. 꼭 고가의 선물을 해야만 고마움을 전할 수 있는 건 아니기 때문이에요. 오히려 고가의 선물은 주는 사람과 받는 사람 모두에게 부담될 뿐이에요.

「청탁금지법」이 시행되면 여러 가지 문제점이 발생할 것이라는 우려도 있었지만 기우에 지나지 않았고, 이 법은 우리 사회에 점점 뿌리를 내리게 되었어요.

3 | 결정을 바라보는 눈

김영란 국민권익위원회 위원장이 처음 제안했던 「청탁금지법」은 원안과 조금 다른 내용으로 국회를 통과했고, 헌법재판소에서 합헌 결정을 받아 2016년 9월 28일부터 시행될 수 있었어요.

「청탁금지법」의 핵심 내용은 '공직자, 언론인, 사립 학교 교원이 직무 관련 여부와 상관없이 동일인에게 1회에 100만 원 또는 매 회계 연도에 300만 원을 초과하는 금품 등을 받으면 처벌한다.'는 규정이에요.(금품을 준 사람도 처벌되며, 100만 원 이하의 금품인 경우에는 직무 관련성을 따져 과태료를 물어야 함.)

또 이 법에 의해 음식물(식사비), 선물, 경조사비의 상한액이 정해졌는데 음식물은 3만 원, 선물은 5만 원, 경조사비는 10만 원을 초과할 수 없도록 했어요. 음식물, 선물, 경조사비에 대한 상한액 규정은 경제에 미치는 영향을 감안하여 2017년 12월에 한 차례 수정되었어요.

음식물 상한액은 3만 원이 그대로 유지되었고, 단체로 식사 대접을 받았

1	음식물	3만 원	단체 식사비의 경우 1인당 식사비로 나누어 상한액 따짐.
2	선물	5만 원	농수산물과 농축산물 함량이 50퍼센트 이상인 경우 10만 원까지 가능함.
3	경조사비	5만 원	화환이나 조화는 10만 원까지 가능하고, 현금 5만 원과 화환 5만 원도 가능함.

「청탁금지법」에서 정한 음식물, 선물, 경조사비 상한액(2017년 수정된 사항)

을 경우에는 1인당 식사비를 계산하여 상한액 여부를 따지도록 했어요. 선물 상한액도 5만 원으로 유지되었는데, 농수산물과 농축산물 함량이 50퍼센트 이상인 가공품 선물에 한정해 10만 원까지 가능하도록 했어요. 경조사비 상한액은 10만 원에서 5만 원으로 줄어들었어요. 다만 화환이나 조화의 경우 10만 원까지 가능하고, 현금 5만 원과 5만 원짜리 화환을 동시에 하는 것도 허용했어요.

「청탁금지법」이 시행되면서 우리 사회는 많은 변화를 겪었어요. 예전보다 확실히 부정 청탁이나 뇌물, 접대 등에 조심하는 분위기가 사회 전반에 조성되었고, 그 결과 많은 부분에서 부정부패가 사라졌어요.

구체적으로 달라진 현상을 보면, 우선 음식점에서 식사와 술값 포함하여 2만 9,900원짜리 메뉴가 등장하기도 했고, 학교나 공공 기관을 방문할 때으레 선물을 챙기는 문화도 사라졌어요.

무엇보다 가장 큰 변화는 대가성 없는 금품 수수의 처벌이었어요. 스폰서 검사와 벤츠 검사의 경우 대가성을 입증하기 어렵다는 이유로 모두 무죄 판결을 받았지만 「청탁금지법」 아래서는 처벌을 면할 수 없게 되었어요.

「청탁금지법」이 시행되면 내수 시장이 위축되고, 고마운 분들에게 감사

인사를 하는 풍습이 사라질 거라고 우려했지만 실제로 그런 일들은 일어나지 않았어요. 내수 시장은 「청탁금지법」의 취지에 맞게 변화·발전했고, 감사 인사를 하는 풍습 또한 마음을 전하는 방식으로 바뀌어 갔어요.

대다수의 국민들은 「청탁금지법」을 열렬히 지지해 주었어요. 국민들의 이런 지지는 무엇을 의미하는 걸까요? 그것은 우리 사회에 부정부패가 만연해 있다는 반증이면서 이 법의 시행으로 부정부패를 하루빨리 없애 달라는 주문이기도 했어요.

우리 사회가 건전하게 발전하려면 모든 면에서 공정해야 해요. 부정 청탁은 기술이나 역량이 부족한 사람이 부정한 방법으로 무언가를 쟁취하기 위한 행동이에요. 부정 청탁으로 실력도 없는 사람이 어떤 일을 맡는다고 가정해 보세요. 그 일은 실패할 확률이 높을 수밖에 없어요. 따라서 부정 청탁은 우리 사회를 병들게 하여 발전을 저해하는 아주 나쁜 행위예요.

반대로, 기술이나 역량을 갖춘 사람은 부정 청탁을 할 필요가 없어요. 모든 일에 자신 있기 때문이지요. 그런 사람들은 어떤 일이 주어지더라도 훌륭하게 해낼 수 있어요. 이런 사회는 점점 더 발전할 수밖에 없지요.

과거에 우리 사회는 부정부패가 만연했어요. 학연, 지연, 혈연을 동원해 부정한 일을 서슴지 않았고, 뇌물을 주고받으면서도 관행이라며 죄악시하지 않았어요. 하지만 「청탁금지법」이 생기면서 이런 좋지 않은 문화는 대부분 사라졌고, 사회는 더 건전한 방향으로 나아가고 있어요.

▶ 「부정 청탁 및 금품 등 수수의 금지에 관한 법률」(청탁금지법)은 2015년 3월 국회에서 통과되자마자 헌법재판소의 심판을 받았고, 2016년 7월 28일 헌법재판소에서 합헌 결정을 받으면서 2016년 9월 28일 시행되었다.

▶ 「청탁금지법」의 적용 대상에는 공직자뿐만 아니라 언론인과 사립 학교 교원도 포함되며, 직무 관련 여부와 상관없이 동일인에게 1회에 100만 원 또는 매 회계 연도에 300만 원을 초과하는 금품 등을 받으면 처벌된다. 이때에는 금품을 준 사람도 처벌되며, 100만 원 이하의 금품인 경우에는 직무 관련성을 따져 과태료 처분을 받는다.

▶ 「청탁금지법」에서 규정한 음식물 상한액은 3만 원이다. 선물 상한액은 5만 원이고, 농수산물과 농축산물 함량이 50퍼센트 이상인 가공품 선물에 한정해 10만 원까지 가능하다. 경조사비 상한액은 5만 원이고, 화환이나 조화의 경우 10만 원까지 가능하다. 현금 5만 원과 5만 원짜리 화환을 동시에 하는 것도 가능하다.

08

양심적 병역 거부는 국방의 의무를 저버린 행동인가?

① **심판 법률** : 「병역법」제5조 제1항(병역 종류 조항) : 병역은 현역, 예비역, 보충역, 병역준비역, 전시근로역으로 구분한다.(요약한 내용임.) 「병역법」제88조 제1항(처벌 조항) : 현역 입영 또는 소집 통지서(모집에 의한 입영 통지서를 포함한다.)를 받은 사람이 정당한 사유 없이 입영일이나 소집일로부터 다음 각 호의 기간이 지나도 입영하지 아니하거나 소집에 응하지 아니한 경우에는 3년 이하의 징역에 처한다.

② **심판 의뢰 시기** : 2011년

③ **결정 시기** : 2018년 6월 28일(헌법재판소 2018년 6월 28일 선고, 2011헌바379 결정)

④ **결정** : 「병역법」제5조 제1항은 모두 헌법에 합치되지 아니한다. 「병역법」제88조 제1항은 모두 헌법에 위반되지 아니한다.

1 | 심판 의뢰 이유와 결정

이야기 읽기

◆ **양심적 병역 거부자** : 우리는 종교적 신념에 의해 총을 들 수 없고, 그런

이유로 병역 의무를 수행할 수 없습니다.

◆ **병무청** : 우리나라 헌법에는 군 복무를 신성한 의무로 규정하고 있기 때문에 대한민국의 모든 남성은 병역 의무를 성실히 수행해야 합니다.

◆ **양심적 병역 거부자** : 헌법에는 양심의 자유도 보장하고 있습니다. 우리는 양심에 따라 군대 생활을 할 수 없으니, 군 복무를 대신할 수 있는 다른 방안을 만들어 주십시오.

◆ **병무청** : 양심의 자유가 국방의 의무보다 더 중요할 수는 없습니다. 양심의 자유를 인정해 군대 생활을 하지 않는다면 그것은 형평성에 어긋납니다.

◆ **양심적 병역 거부자** : 군 복무를 대신할 수 있는 방안을 만들어 놓지 않은 현행「병역법」은 헌법이 보장하고 있는 양심의 자유를 침해하는 법률입니다. 헌법재판소에 헌법 소원을 제기하겠습니다.

우리나라 헌법은 '대한민국의 모든 국민은 법률이 정하는 바에 의하여 국방의 의무를 진다.'고 규정하고 있어요. 대다수의 대한민국 남성은 국방의 의무를 신성한 의무라고 생각하고 있지만 그렇지 않은 남성들도 있었어요. 인생의 가장 중요한 시기에 군 복무를 해야 했기 때문에 일부는 편법을 이용하여 군 복무를 면제받는 경우도 있었어요.

그런데 일부 남성들은 종교적 신념을 이유로 군 복무 자체를 거부했어요. 건강한 신체와 정신을 가진 대한민국 남성이라면 반드시 군 복무를 해야 했지만 이들은 종교적 신념을 이유로 군 복무를 거부했던 거예요.

지구상에 존재하는 거의 모든 종교는 폭력을 싫어하고 평화를 추구한다는 공통점을 지니고 있어요. 하지만 종교마다 그 구체적 가르침에는 차이가 있어요. 어떤 종교는 그들이 추구하는 사랑과 평화의 의미를 그대로 해석하여 신도들에게 폭력과 관련된 것은 모두 배격하라는 지침을 내리기도 해요. 대표적인 것이 총을 들지 못하게 하는 지침이에요.

우리나라 남성들은 군대에 가게 되면 반드시 총을 들고 국방의 의무를 수행하는 과정이 있어요. 총을 든다고 해서 반드시 폭력을 수반하지는 않지만 이들 종교는 총 그 자체를 배격하고 있는 상황이에요. 이런 종교를 믿는 사람들은 종교적 신념에 따라 총을 들 수 없고, 그런 까닭에 국방의 의무를 다할 수 없다는 입장이에요.

종교적 신념을 이유로 병역을 거부하는 사례는 아주 오래전부터 있었어요. 일제 강점기에 일본의 징집 명령을 종교적 양심에 따라 거부한 사람들도 있었어요. 이때에는 일제에 저항했다는 의미로 오히려 독립운동의 일부분으로 평가받았다는 기록도 있어요.

하지만 대한민국이 건국되고 나서 종교적 신념에 따라 병역을 거부하는 행위는 더 이상 정당화될 수 없었어요. 남북이 대치하고 있는 상황에서 국방의 의무는 너무나 중요한 일이었기 때문에 병역 거부는 비난을 받을 수밖에 없었던 거예요.

정부는 병역 기피자들을 철저히 단속했고, 이들은 모두 감옥에 가야 했어요. 지금은 감옥 생활을 하고 나면 병역 의무가 면제되지만 과거에는 감옥살이를 하고 나오면 다시 군대 영장이 발부되었고, 그들은 다시 감옥에 가야 했어요.

우리나라 헌법은 국방의 의무도 규정하고 있지만 양심의 자유도 규정하

'2016 세계병역거부자의 날'을 맞아 열린, 교도소에 수감된 양심적 병역 거부자를 알리는 퍼포먼스

고 있어요. 양심의 자유를 좀 더 구체적으로 살펴보면 양심을 표명하도록 강요받지 않을 자유, 양심에 반하는 행동을 강요받지 않을 자유, 양심에 따라 행동을 할 자유도 포함하고 있어요.

종교적 신념에 의해 병역을 거부하는 사람들은 양심에 따라 그런 행동을 하는 거예요. 헌법에도 이를 보장하고 있고요. 그렇다면 병역을 거부하는 사람들을 처벌하는 것이 과연 합당한지 한번 생각해 볼 필요가 있어요.

이런 문제에 대해서는 국제 사회도 오래전부터 관심을 갖고, 양심적 병역 거부자의 인권을 위해 많은 노력을 기울였어요. 유엔 인권위원회는 양심적 병역 거부자에 대한 구금 및 반복적인 형벌 부과 금지 등을 각국에 요청하기도 했어요. 유럽연합도 양심적 병역 거부자를 인정해야 한다고 주장했고, 유엔의 자유권규약위원회는 우리나라에 양심적 병역 거부자들을 석방하고 '대체복무제도'를 도입하라고 촉구했어요.

하지만 우리나라 정부는 이런 인권 단체들의 촉구에도 불구하고 양심적 병역 거부자들에 대한 대책을 내놓지 않았어요. 병역 거부자들에 대한 국민 여론이 좋지 않았기 때문에 정부도 이 문제에 대해 심각하게 생각하지 않았던 거예요.

이런 와중에 수많은 양심적 병역 거부자는 헌법재판소에 「병역법」이 양심의 자유를 침해한다며 헌법 소원을 제기했어요. 헌법재판소의 첫 판단은 2004년 8월 26일에 내려졌는데, 현행 「병역법」이 합헌이라는 결정이었어요. 헌법재판소의 두 번째 판단은 약 두 달 뒤인 2004년 10월 28일에 내려졌는데, 이때에도 합헌 결정이었어요. 그리고 2011년 8월 30일에 내려진 헌법재판소의 세 번째 판단도 이전과 변함이 없었어요.

헌법재판소는 세 번의 결정에서 모두 현행 「병역법」이 합헌이라고 판단했어요. 양심적 병역 거부자들이 「병역법」에 대한 헌법 소원을 청구할 때 문제로 삼은 조항은 「병역법」 제88조 제1항의 처벌 조항이었어요. 헌법재판소는 병역을 거부한 사람들을 처벌하는 조항이 헌법에 위반되지 않는다고 결정한 거예요.

그런데 헌법재판소의 세 번째 결정 이후 석 달이 지난 시점인 2011년 12월에 새로운 조항에 대한 헌법 소원이 제기되었어요. 청구인은 현역 입영 통지서를 받고도 입영하지 않아 기소되었고, 1심에서 실형을 선고받은 사람이었어요. 그는 2011년 12월 1일 「병역법」 제88조 제1항에 대해 다시 헌법 소원을 제기했고, 여기에서 한 발 더 나아가 12월 5일에는 「병역법」 제5조 제1항(병역 종류 조항)에 대해 헌법 소원을 제기했어요.

이후에도 양심적 병역 거부자들의 헌법 소원은 이어졌고, 이때부터는 모두 「병역법」 제5조 제1항과 제88조 제1항을 함께 묶어서 헌법 소원을 제기했어요. 양심적 병역 거부자들이 「병역법」 제5조 제1항에 대해 헌법 소원을 제기한 것은 '신의 한 수'였는지도 몰라요. 결과적으로 제5조 제1항 덕분에 새로운 「병역법」이 만들어질 수 있었기 때문이지요.

헌법재판소는 「병역법」 제5조 제1항과 제88조 제1항에 대한 심의에 착수했고, 이 사안에 대해 헌법 소원이 제기된 지 7년 만에 결정을 내렸어요.

2018년 6월 28일, 헌법재판소는 「병역법」 제5조 제1항에 대해서 헌법에 합치되지 않는다며 헌법 불합치 결정을 내렸어요.(각하 3명, 헌법 불합치 6명) 하지만 병역법 제88조 제1항에 대해서는 예전과 마찬가지로 합헌 결정을 내렸어요.(합헌 4명, 위헌 4명, 각하 1명)

헌법재판소가 「병역법」 제5조 제1항에 대해 헌법 불합치 결정을 내린 가장 큰 이유는 현재의 병역 종류 조항에는 양심적 병역 거부자에 대한 대체복무제가 없다는 것이었어요. 헌법재판소는 병역 종류 조항은 병역 자원을 효과적으로 배분하여 국가 안보를 실현하는 적법한 수단인데, 지금의 병역 종류 조항은 군사 훈련을 수반하는 병역 의무만 규정했기 때문에 양심적 병역 거부자의 양심의 자유를 침해한다고 판단한 거예요.

헌법재판소는 「병역법」 제5조 제1항에 대해 헌법 불합치 결정을 내리면서 입법자로 하여금 늦어도 2019년 12월 31일까지 대체복무제를 도입하는 내용의 개정안을 입법하도록 명령했어요.

2 | 결정에 대한 다른 생각

 그동안 양심적 병역 거부자들에 의한 헌법 소원은 수없이 제기되었어요. 그때마다 헌법재판소는 현행 「병역법」이 합헌이라는 결정을 내렸어요. 이때 헌법 소원이 제기된 부분은 처벌 조항이었는데, 헌법재판소가 합헌 결정을 내린 것은 병역 기피자에 대한 처벌은 정당하다고 판단했기 때문이에요. 이런 판단은 2018년 6월에 내려진 판단에서도 같은 결과를 가져왔어요. 병역 기피자에 대한 처벌 조항은 국방의 의무가 있는 지금의 상황에서는 필요한 규정이라고 판단한 거예요.

 2018년 6월 헌법재판소의 결정에서는 대체복무제가 주요 쟁점이었어요. 그동안 헌법 소원을 제기한 사람들은 대부분 처벌 조항에 대한 심판을 청구했고, 병역 종류 조항에 대해서는 심판을 청구하지 않았어요. 2011년부터 병역 종류 조항에 대한 청구가 시작되었고, 이 조항에 대해 헌법재판소의 헌법 불합치 결정을 이끌어 낼 수 있었어요.

 하지만 헌법재판소의 결정에 반대하는 의견도 만만치 않았어요. 대체 복무는 병역 의무의 범주에 들어갈 수 없다는 주장이에요. 병역 종류 조항에 대체 복무 조항을 만들라는 것은 병역과 아무 관련이 없는 조항을 신설하라는 것이기 때문에 합당하지 않다는 의견이에요.

 병역 종류 조항은 처벌 조항과 달리 무엇인가를 강제하는 효력이 없기 때문에 그 조항 자체를 위헌이라고 판단하기 어렵다는 의견도 있어요. 또한 국가 안보라는 공익의 중대함에 비추어 볼 때 현행 병역 종류 조항은 정당하다는 주장도 있어요.

병역 의무는 국가의 존립과 안전을 위하여 국민들이 부담해야 하는 매우 중요한 공적 의무 중 하나예요. 특히 우리나라는 남북이 대치하는 상황이기 때문에 병역 의무는 더더욱 중요한 의무 중 하나라고 할 수 있어요. 국가의 안전이 먼저 보장되어야 개인의 자유도 보장받을 수 있어요. 그렇기 때문에 종교적 신념에 따라 병역을 거부하는 사람들의 양심의 자유가 국가의 안전보다 더 중요하다고 볼 수는 없어요. 게다가 양심적 병역 거부를 인정하게 되면 병력 자원에 손실이 올 수 있으며, 이는 곧 국가 안전에 위험 요소가 될 수도 있어요.

헌법재판소는 「병역법」 제5조 제1항에 대해 헌법 불합치 결정을 내리면서 대체복무제 도입을 명령했어요. 하지만 대체복무제는 여러 가지 문제점을 안고 있는 제도라고 볼 수 있어요.

우선, 대체복무제는 형평성에 어긋나는 중대한 결함을 지니고 있어요. 우리나라의 대다수 남성은 모두 병역 의무를 성실히 수행하고 있어요. 그런데 대체복무제는 병역과 다른 일을 수행하는 것이기 때문에 사실상 병역 의무를 수행하는 것은 아니에요. 대체복무제는 비교적 안전한 분야에서 일반적인 일을 하기 때문에 힘들게 군대 생활을 하는 사람들과 비교하면 형평성에 어긋난다고 볼 수 있어요.

만약 전쟁이 발발했다고 가정해 보세요. 전쟁이 발발하면 군인들은 최전방에서 나라를 지키는 임무를 수행해야 해요. 전쟁터에서는 최전방에서 총을 들고 전투에 임하는 사람들의 사망 확률도 높아요. 반면에 후방에서 지원 업무를 수행하는 사람들은 그만큼 안전하다고 볼 수 있지요. 죽음을 두려워하지 않는 사람은 아무도 없어요. 대체복무제가 현역 입영보다 기간이 더 길고, 또 힘든 일을 하더라도 생명을 담보로 하는 군인들과는 비교할 수 없는 일이에요. 그렇기 때문에 대체복무제는 또 다른 차별을 불러올 수 있는 거예요.

아직까지 우리 사회는 양심적 병역 거부자에 대한 시선 또한 좋지 않은 상황이에요. 그것은 양심적 병역 거부라는 것이 많은 국민에게 정당한 권리라는 인상을 주지 못했기 때문이에요. 국민들의 이해와 관용이 자리 잡지 않은 상황에서의 대체복무제 시행은 또 다른 문제를 야기하기 때문에 합리적인 제도라고 할 수 없어요.

3 | 결정을 바라보는 눈

헌법재판소는 「병역법」 제5조 제1항에 대해 헌법 불합치 결정을 내리면서 2019년 12월 31일까지 대체복무제를 도입하는 내용의 개정안을 입법하도록 명령했어요. 헌법재판소의 결정으로 대체복무제 도입은 현실화되었어요.

정부는 곧바로 대체복무제 도입을 위한 준비 작업에 들어갔어요. 국방부는 2018년 12월 28일 양심적 병역 거부자의 대체복무제를 위한 「병역법」 개정안과 「대체역의 편입 및 복무 등에 관한 법률안」을 입법 예고했어요. 국방부가 입법 예고한 개정안의 주요 내용은 대체 복무자는 24시간 교정 시설에서 합숙 근무하며, 그 기간은 36개월로 정한다는 것이었어요. 그리고 대체 복무 심사위원회는 국방부에 설치하기로 정했어요.

「병역법」개정안이 발표되자 많은 시민 단체와 양심적 병역 거부자들은 개정안의 문제점을 지적했어요. 양심적 병역 거부자들은 36개월이라는 기간은 대체 복무 기간이 현역병의 1.5배를 넘지 않아야 한다는 국제기구 권고안에 어긋나는 것이며, 복무 장소를 교정 시설로 제한한 것은 상당히 징벌적인 방안이고, 심사위원회는 국방부나 병무청과 분리된 별도의 심사 기구에 두어야 한다는 국가인권위원회의 권고도 반영되지 않았다고 지적했어요.

이런 문제점이 제기되자 국방부는 향후 제도가 정착되는 과정에서 복무 기간을 단축하고 복무 분야도 다양화하고, 심사위원회는 국방부 산하에 두지만 국방부와 법무부, 국가인권위원회 등이 심사위원을 추천할 수 있도록 하겠다고 밝혔어요.

2019년 12월 27일, 「병역법」개정안과 「대체역의 편입 및 복무 등에 관한 법률」은 국회 본회의를 통과하여 확정되었어요. 이 법이 시행됨으로써 양심적 병역 거부자들은 감옥 생활을 면할 수 있게 되었고,「병역법」에 대한 모든 논란도 마침표를 찍게 되었어요.(2020년 10월 법 시행 후 처음으로 양심적 병역 거부자들의 대체복무제가 시행되었음.)

우여곡절 끝에 대체복무제는 시행되었지만, 그렇다고 모든 문제가 해결되지는 않았어요. 병역 의무를 수행해야 하는 남성들이나 대체 복무를 하는 사람들 모두 대체복무제에 대해 불만을 가지고 있기 때문이에요. 병역 의무를 수행하는 이들은 대체복무제가 형평성에 어긋난다고 주장하고, 양심적 병역 거부자들은 대체복무제가 징벌적 성격이 강하다고 주장하고 있는 실정이에요. 그리고 무엇보다 양심적 병역 거부자들에 대한 우리 사회의 시선도 그다지 좋은 편은 아니라는 것이 문제예요. 이런 문제점들은 하루빨리 우리 사회가 슬기롭게 해결해야 될 과제라고 할 수 있어요.

병역 의무를 수행하는 남성이나 양심적 병역 거부자들 모두를 만족시킬 수 있는 국방의 의무는 무엇일까요? 지금은 법적으로 대체복무제가 시행되었지만, 그것이 모두를 만족시키지 못한다면 과연 더 좋은 방법은 없는 것일까요?

사실 우리나라의 모든 남성은 국방의 의무에 대해 큰 불만은 없어요. 양심적 병역 거부자들 또한 국방의 의무는 다해야 한다는 생각을 갖고 있어요. 단지 그들은 조금 다른 방법으로 국방의 의무를 다할 수 있도록 요청했던 거예요.

국방의 의무에 대해 모두가 찬성한다면 문제는 의외로 쉽게 해결될 수도 있어요. 그것은 서로가 다름을 인정하는 거예요. 지구상에 살고 있는 수많은 사람들 중에 똑같은 사람은 없어요. 인간은 각자 개성 있는 존재이기에 모두가 같은 생각, 같은 행동을 할 수는 없어요.

어떤 국가적 위기 상황이 발생했을 때 국민 모두가 똑같은 행동을 할 수는 없어요. 각자 맡은 곳에서 최선을 다할 뿐이에요. 누군가는 좀 더 어려운 일을 할 수도 있고 누군가는 조금 편안한 일, 누군가는 더 위험하고, 또 덜 위험한 일을 할 수도 있어요. 국민 모두가 위험한 일을 해야만 국가가 위기에서 벗어나는 건 아니에요. 각자 위치에서 맡은 역할을 잘 수행했을 때 위기에서 벗어나 발전할 수 있는 거예요. 이것은 모든 국민이 다름을 인정할 수 있을 때 가능한 일이에요.

양심적 병역 거부자들에 대해 국민 다수가 나와 다름을 인정하게 되면 대체 복무 문제는 쉽게 해결될 수도 있어요. 그들이 국방의 의무를 외면하는 것이 아니라 다른 방법으로 충실히 수행하겠다는 그 생각, 그 다름을 인정할 때 비로소 많은 문제가 해결될 수 있지 않을까요?

정리 노트

▶ 2018년 6월 28일, 헌법재판소는 군사 훈련을 수반하는 병역 의무만 규정한 「병역법」 제5조 제1항(병역 종류 조항)에 대해 양심적 병역 거부자의 양심의 자유를 침해한다는 이유를 들어 헌법 불합치 결정을 내렸다. 다만 「병역법」 제88조 제1항(처벌조항)에 대해서는 합헌 결정을 내렸다.

▶ 헌법재판소의 「병역법」 제5조 제1항에 대한 헌법 불합치 결정 이후, 2019년 12월 27일 「대체역의 편입 및 복무 등에 관한 법률」이 국회를 통과했고, 2020년 1월 1일부터 시행되었다. 이 법의 시행으로 대체 복무자는 36개월 동안 교정 시설에서 24시간 합숙 근무하는 것으로 군 복무를 대신하게 되었다.

09 낙태죄는 임신한 여성의 자기 결정권을 침해한 것인가?

① **심판 법률** : 「형법」 제269조 제1항(낙태) : 부녀가 약물 기타 방법으로 낙태한 때에는 1년 이하의 징역 또는 200만 원 이하의 벌금에 처한다. 「형법」 제270조 제1항(의사 등의 낙태, 부동의 낙태) : 의사, 한의사, 조산사, 약제사 또는 약종상이 부녀의 촉탁 또는 승낙을 받아 낙태하게 한 때에는 2년 이하의 징역에 처한다.

② **심판 의뢰 시기** : 2017년

③ **결정 시기** : 2019년 4월 11일(헌법재판소 2019년 4월 11일 선고, 2017헌바127 결정)

④ **결정** : 「형법」 제269조 제1항, 제270조 제1항 중 '의사'에 관한 부분은 모두 헌법에 합치되지 아니한다. 위 조항들은 2020년 12월 31일 시한으로 입법자가 개정할 때까지 계속 적용된다.

1 | 심판 의뢰 이유와 결정

이야기 읽기

◆ **낙태 찬성자** : 임신과 출산은 여성이 스스로 결정할 문제이기 때문에 법

으로 규제해서는 안 됩니다.

◆ **낙태 반대자** : 인간의 생명은 그 무엇과도 비교될 수 없는 고귀한 것입니다. 태아도 하나의 생명이기 때문에 그 태아를 죽이는 행위인 낙태는 당연히 금지해야 합니다.

◆ **낙태 찬성자** : 현행 낙태죄 조항은 여성의 자기 결정권을 심각하게 침해하고 있는 법률입니다. 태아의 생명권도 중요하지만 여성의 자기 결정권도 중요하기 때문에 낙태죄는 폐지되어야 합니다.

◆ **낙태 반대자** : 국가의 가장 큰 의무 중 하나는 국민의 생명 보호입니다. 태아도 하나의 생명이고, 그 생명을 보호하는 것은 국가의 의무이기 때문에 낙태죄는 유지되어야 합니다.

낙태는 흔히 '유산'이라고도 하는데, '태아가 어머니의 자궁 안에서 죽는 것'을 의미해요. 유산에는 자연 유산과 인공 유산 두 종류가 있어요. 자연 유산이란 의학적인 시술을 하지 않은 상황에서 태아가 죽는 것을 말하고, 인공 유산이란 약물이나 수술을 통해 태아가 죽는 것을 말해요.

또 낙태죄는 여성이 약물이나 기타 방법으로 낙태함으로써 성립하는 범죄를 말해요. 그러니까 인공 유산의 경우 낙태죄가 성립되는 거예요. 우리나라 「형법」 제269조 제1항에는 '임신한 여성이 약물이나 기타 방법으로 낙태한 때에는 1년 이하의 징역 또는 200만 원 이하의 벌금에 처한다.'고 규정하고 있어요. 또 「형법」 제270조 제1항에는 '의사, 한의사, 조산사, 약제사 또는 약종상이 임신한 여성의 촉탁(부탁하여 일을 맡김.) 또는 승낙을 받아 낙태하게 한 때에는 2년 이하의 징역에 처한다.'고 규정하고 있어요.

언뜻 생각하기에 낙태는 태아를 죽이는 행위이기 때문에 범죄이며, 또 낙태를 행하는 사람을 처벌하는 것은 당연한 것처럼 보일 수도 있어요. 하지만 낙태에 대해서 조금 깊이 들어가 보면 다르게 생각해 볼 수도 있어요. 그래서 낙태와 낙태죄에 대해서는 오랫동안 논란이 되어 왔어요.

낙태는 아주 오래전부터 있었던 것으로 기록되어 있어요. 시대에 따라 낙태가 금지되는 경우도 있었고, 또 크게 규제하지 않은 경우도 있었어요.

우리나라의 경우 조선 시대에 이미 낙태와 관련된 이야기가 나와요. 조선을 건국한 이성계는 형법을 정비하면서 낙태에 대해 '타태죄'라고 하여 낙태를 하게 만든 사람을 처벌하도록 했어요. 이때에는 임신한 여성이 스스로 낙태한 경우가 아니라 임신한 여성에게 어떤 위험을 가하여 낙태가 되었을 때 그 위험을 가한 사람을 처벌하는 것이었어요. 그러니까 조선 시대에는 낙태 행위 그 자체를 처벌하지는 않았어요.

낙태죄에 대한 처벌이 처음 도입된 때는 일제 강점기였어요. 일제 강점기에 일본은 자신들의 형법을 기본으로 '조선형사령'을 만들었고, 여기에 낙태죄에 관한 규정이 있었어요. 규정을 보면 임신한 여성이 약물을 사용하거나 그 밖의 방법으로 낙태한 때에는 1년 이하의 징역에 처하고, 여성의 청탁을 받거나 또는 승낙을 얻어 낙태한 자는 2년 이하의 징역에 처한다고 나와 있어요. 이때부터 낙태를 한 여성에게도 죄를 묻는 처벌 조항이 도입된 거예요.

대한민국 정부가 수립되고 법전편찬위원회가 구성되면서 낙태죄 폐지에 대한 논의도 있었는데, 이때에는 인구 증가의 필요성이 제기되어 낙태죄를 유지하기로 결론지었어요. 대신 특별법을 만들어 각종 특수한 사항

낙태죄 폐지 시위

을 고려하기로 했어요. 이렇게 해서 낙태죄는 1953년 제정된 「형법」에 그대로 남게 되었어요.

하지만 특별법을 만들어 각종 특수한 사항을 고려하겠다는 약속은 한동안 미뤄지다가 1973년이 되어서야 지켜졌어요. 인구의 증가, 식량 부족, 여성의 권리가 신장되면서 낙태를 허용해야 한다는 주장이 전 세계적으로 일어났기 때문이에요.

이런 세계적 흐름에 따라 정부는 1973년 「모자보건법」을 제정했어요. 이것은 낙태가 허용되는 예외적 사유를 규정한 법이에요. 이 법에서 낙태 허용 사유로 제시한 규정은 '본인 또는 배우자가 우생학적 정신 장애나 신체 질환이 있는 경우, 본인 또는 배우자가 전염성 질환이 있는 경우, 강간 또는 준강간에 의하여 임신한 경우, 혈족 또는 인척 간에 임신한 경우, 보건 의학적 이유로 모체의 건강을 심히 해하고 있거나 해할 우려가 있는 경우'

낙태죄 유지 시위

등이에요.

　사실 「모자보건법」이 시행되기 전부터 우리나라에서는 낙태가 공공연하게 이루어져 왔어요. 낙태는 불법이었지만 정부에서도 인구 증가를 억제하기 위한 방편으로 낙태를 눈감아 주었던 거예요. 「모자보건법」이 시행되면서부터는 합법적인 낙태의 길이 열렸고, 이를 빌미로 불법적인 낙태도 공공연하게 행해졌어요. 이런 상황은 1980년대까지 계속되었어요. 「형법」에 낙태죄는 있었지만 낙태죄로 처벌받는 경우는 거의 없었다는 이야기예요. 낙태죄는 사문화된 법(법 조항에는 있지만 실질적으로 효력을 갖지 못하게 된 법)이었다고 할 수 있었어요.

　그런데 1990년대가 되면서 상황이 달라졌어요. 인구 감소가 사회 문제로 대두되면서 사문화되었던 낙태죄가 다시 수면 위로 올라오게 되었어요.

　2010년, 낙태를 반대하는 모임의 의사들이 낙태를 시행한 산부인과 세

곳을 검찰에 고발하는 사건이 발생했어요. 이 고발 사건으로 낙태를 시술한 관계자들이 처벌받게 되자 전국의 산부인과에서는 낙태 시술을 중단했어요.

같은 해 부산에서는 조산원의 조산사가 낙태 시술을 한 사실이 적발되어 재판을 받는 사건도 발생했어요. 그러자 조산사는 낙태죄가 헌법에 위반된다면서 헌법 소원을 제기했어요.

2012년 8월 23일, 헌법재판소는 낙태죄가 헌법에 합치된다는 결정을 내렸어요. 비록 합헌 결정이 내려졌지만 네 명의 재판관은 낙태죄가 위헌이라는 의견을 제시했어요. 낙태죄가 합헌이라고 본 가장 큰 이유는 태아의 생명권 보장이었고, 위헌이라고 본 가장 큰 이유는 임신한 여성의 자기 결정권 존중이었어요.

낙태에 대한 고발 사건과 헌법재판소의 합헌 결정으로 낙태가 많이 사라질 것 같았지만 상황은 그렇지가 않았어요. 낙태 중단 상황은 일시적인 현상에 불과했어요. 시간이 조금 지나자 다시 병원에서는 낙태 시술이 이루어졌고, 예전과 마찬가지로 처벌되지도 않았어요. 간혹 낙태에 대한 고발 사건이 들어왔지만 법원 또한 낙태죄로 처벌하겠다는 의지는 없었어요. 낙태죄에 대한 사회적 인식이 많이 바뀌었고, 여성과 여성 단체들에 의해 낙태죄 폐지 운동이 강력하게 전개되었기 때문이에요. 법원 또한 사회적 분위기를 외면할 수 없었던 거지요.

이런 상황에서 낙태죄에 대한 헌법 소원이 다시 제기되었어요. 광주광역시에서 산부인과를 운영하는 의사가 2013년부터 2015년까지 총 69회에 걸쳐 낙태 시술을 해 주었다는 이유로 기소되어 재판을 받게 되었어요. 그

는 재판 도중 「형법」 제269조 제1항과 제270조 제1항이 헌법에 위반된다
며 위헌법률심판 제청을 신청했어요.

　그런데 법원은 낙태죄에 대한 헌법재판소의 결정이 내려진 지 얼마 되지
않았다는 이유로 이 신청을 기각했어요. 그러자 의사는 2017년 2월 낙태
죄 조항에 대해 직접 헌법재판소에 헌법 소원을 제기했어요. 이렇게 해서
낙태죄는 다시 헌법재판소의 심판대에 오르게 되었어요.

　2019년 4월 11일, 헌법재판소는 「형법」 제269조 제1항, 제270조 제1항
의 낙태죄 조항이 여성의 자기 결정권을 침해한다는 이유로 헌법 불합치
결정을 내렸어요.(합헌 2명, 위헌 3명, 헌법 불합치 4명) 헌법재판소는 자기 결정
권에는 여성이 그의 존엄한 인격권을 바탕으로 자율적으로 자신의 생활
영역을 형성해 나갈 수 있는 권리가 포함되고, 또한 임신한 여성이 자신의

신체를 임신 상태로 유지하여 출산할 것인지, 그렇지 않을 것인지 결정할 수 있는 권리가 포함된다고 보았어요.(자기 결정권이란 인간의 존엄성을 실현하기 위한 수단으로, 자신의 생활 영역에서 인격의 발현과 삶의 방식에 관한 근본적인 결정을 자율적으로 내릴 수 있는 권리를 말함.)

낙태죄 조항은 낙태를 전면 금지하고, 이를 어길 경우 형벌을 부과함으로써 임신한 여성에게 임신의 유지·출산을 강제하고 있기 때문에 임신한 여성의 자기 결정권을 침해하고 있다고 판단한 거예요.

그렇다고 헌법재판소가 태아의 생명권이 중요하지 않다고 본 건 아니에요. 헌법재판소도 태아의 생명권은 보장되어야 한다고 보았어요. 태아도 어머니와 별개의 생명체이고, 특별한 사정이 없는 한 인간으로 성장할 가능성이 크므로, 태아도 헌법상 생명권의 주체가 되며, 국가는 태아의 생명을 보호할 의무가 있다고 보았어요.

헌법재판소가 태아의 생명권을 인정하면서도 낙태죄 조항에 대해 헌법 불합치 결정을 내린 것은 그동안 여성의 자기 결정권보다 태아의 생명 보호라는 공익에 대해서만 일방적이고 절대적인 우위를 부여함으로써 법익 균형성 원칙을 위반했다고 보았기 때문이에요.

이에 덧붙여서 헌법재판소는 태아의 생명을 보호하기 위해 낙태를 금지하고 형사 처벌하는 것 자체가 모든 경우에 헌법에 위반된다고 보지 않았어요. 그래서 단순 위헌 결정을 하지 않았고, 또 단순 위헌 결정을 할 경우 임신 기간 전체에 걸쳐 행해진 모든 낙태를 처벌할 수 없게 됨으로써 용인하기 어려운 법적 공백이 생기기 때문에 입법자가 새로운 법을 만들 때까지 계속 적용된다고 결정했어요. 그리고 입법자로 하여금 2020년 12월 31

일까지 개정 법안을 만들도록 명령했어요. 만약 이때까지 법안이 만들어지지 않으면 현행 낙태죄 조항들은 효력을 상실하게 되는 거예요.

2 | 결정에 대한 다른 생각

헌법재판소가 낙태죄에 대해 단순 위헌이 아니라 헌법 불합치 결정을 내리면서 낙태죄는 결론이 아니라 다른 과제를 안게 되었어요. 사실 헌법재판소의 결정이 내려지기 전부터 낙태죄에 대해서는 많은 사람들이 위헌적 요소가 있다고 생각했고, 헌법재판소도 예전처럼 합헌 결정을 내리기 어려운 상황이었어요. 사람들의 예상은 맞았지만 헌법재판소의 결정이 완전한 낙태죄 폐지가 아니었기에 그 반론도 만만치 않았음을 보여 주고 있어요.

태아는 인간으로 형성되어 가는 단계의 생명이에요. 인간의 내재적 가치를 지니고 있으므로 인간의 존엄성 및 생명 보호의 필요성과 관련하여 출생한 사람과 근본적인 차이가 없는 존재예요. 또한 태아가 모체의 일부라고 하더라도 임신한 여성에게 생명의 내재적 가치를 소멸시킬 권리, 즉 낙태할 권리가 자기 결정권의 내용으로 인정될 수는 없어요.

국가 또한 인간의 존엄을 실현하기 위해 태아의 생명을 박탈하는 낙태를 금지할 수 있어요. 왜냐하면 국가의 생명 보호 의무는 임신한 여성의 태아에 대한 침해에 대해서도 적용되어야 하기 때문이에요.

따라서 낙태죄 조항은 임신한 여성의 낙태를 방지하여 태아의 생명권을 보호하기 위한 것이에요. 임신한 여성의 낙태를 원칙적으로 금지하고, 이를 위반할 경우 형사 처벌하는 것은 생명권을 보호하기 위한 효과적인 방법이기에 헌법에 위반된다고 볼 수 없어요.

태아의 생명권을 보호하기 위해서는 지금처럼 형벌을 통하여 낙태를 강하게 금지할 필요성이 있어요. 만약 낙태를 처벌하지 않거나 가벼운 제재를 가한다면 낙태는 더 빈번하게 일어나 태아의 생명권은 보호될 수 없기 때문이에요.

여성의 자기 결정권을 덜 침해하면서 태아의 생명을 동등하게 효과적으로 보호하는 방법이 있을까요? 지금은 다른 수단을 찾기가 어렵기 때문에 낙태를 금지할 수밖에 없는 거예요.

헌법재판소는 낙태죄 조항이 여성의 자기 결정권보다 태아의 생명권에 더 우위를 두었기 때문에 문제가 있다고 판단했지만 이는 잘못된 판단이에요. 여성의 자기 결정권은 상황에 따라 일부 제한할 수 있지만 태아의 생명권은 일부 제한할 수가 없어요. 태아의 생명권을 일부 제한한다는 의미는 곧 태아의 생명권을 박탈하는 것이기 때문에 여성의 자기 결정권보다 태아의 생명권을 더 우위에 둔 것은 정당하다고 볼 수 있어요.

헌법재판소는 임신한 여성이 사회적·경제적으로 겪는 고통이 크기 때문에 그런 사항을 무시한 채 낙태를 금지하는 것은 문제가 있다고 판단했어요. 하지만 사회적·경제적 사유에 따른 낙태의 허용은 결국 임신한 여성의 편의에 따라 낙태를 허용하자는 주장이에요. 이런 주장은 낙태의 전면 허용과 다를 바 없으며, 낙태의 전면 허용은 생명 경시 풍조를 유발할 수 있기 때문에 오히려 더 큰 문제가 될 수 있어요.

헌법재판소는 헌법 불합치 결정을 내리면서 태아의 생명권이 더 중요한 시기와 여성의 자기 결정권이 더 중요한 시기를 입법자가 정하여 개정안을 만들라고 권고했는데, 이 권고도 합리적이라고 볼 수는 없어요. 왜냐하면 태아의 생명권을 보호하고자 하는 공익의 중요성은 태아의 성장 상태에 따라 달라진다고 볼 수 없기 때문이에요. 즉 임신 중의 특정한 기간 동안에는 임신한 여성의 인격권이나 자기 결정권이 우선하고, 그 이후에는 태아의 생명권이 우선한다고 볼 수 없는 거예요.

헌법이 태아의 생명을 보호하는 것은 태아가 인간으로 될 예정인 생명체, 그 자체로 존엄한 존재이기 때문이지, 그것이 독립하여 생존할 능력이 있는지를 따져 보호하는 것은 아니에요. 인간이면 누구나 동등하게 생명보호의 주체가 되는 것과 마찬가지로, 태아도 성장 상태와 관계없이 생명권의 주체로서 마땅히 보호를 받아야 하기 때문에 낙태죄 조항은 필요하다고 볼 수 있어요.

3 | 결정을 바라보는 눈

낙태죄 조항은 헌법 불합치 결정이 났지만 이 결정에 대해서는 다시 한번 살펴볼 필요가 있어요. 헌법재판소는 태아의 생명권도 보장되어야 하고, 여성의 자기 결정권도 인정되어야 한다고 보았어요. 그런데 현행 낙태죄 조항은 태아의 생명권에 좀 더 우위를 두었기 때문에 헌법에 합치되지 않는다고 판단한 거예요.

그렇다면 태아의 생명권과 여성의 자기 결정권은 공존할 수 있는 것일까요? 태아의 생명권을 인정하면 여성의 자기 결정권은 침해받을 수밖에 없고, 반대로 여성의 자기 결정권을 인정하면 태아의 생명권은 침해받을 수밖에 없어요. 그런데 헌법재판소는 이 둘이 서로 공존할 수 있다는 모순된 결정을 내렸어요.

헌법재판소가 생각하는 태아의 생명권과 여성의 자기 결정권 기준

헌법재판소도 이런 모순을 인식했는지 하나의 타협점을 제시했어요. 그것은 태아의 생명권과 여성의 자기 결정권 모두를 인정할 수 있는 시간의 선택이었어요. 헌법재판소는 국가가 생명을 보호하는 입법적 조치를 취함에 있어 인간 생명의 발달 단계에 따라 그 보호 정도나 보호 수단을 달리하는 것은 불가능하지 않다고 보았어요.

헌법재판소는 그 기준이 되는 시간을 임신 22주로 판단했어요. 태아는 임신 22주 이전까지 독자적인 생존이 불가능하기 때문에 이때에는 생명권보다 임신한 여성의 자기 결정권이 더 중요하고, 임신 22주 이후부터는 태아가 독자적으로 생존 가능하기 때문에 이때에는 임신한 여성의 자기 결정권보다 태아의 생명권이 더 중요하다고 보는 거예요.

다시 말해 태아의 독자 생존이 불가능한 시기에는 태아의 생명권을 제한할 수 있고, 태아의 독자 생존이 가능한 시기부터는 여성의 자기 결정권을 제한할 수 있다는 판단이에요. 그런데 현행 낙태죄 조항은 모든 시기의 낙태를 금지하여 임신한 여성의 자기 결정권을 절대적으로 제한하고 있기 때문에 헌법에 합치되지 않는다는 판단이었어요.

그렇다면 우리는 이런 문제를 생각해 볼 수 있어요. '임신 22주 이전 태아의 생명권은 제한해도 되는 것인가, 임신 22주 이후 여성의 자기 결정권은 제한해도 되는 것인가?' 하는 문제예요. 이런 문제에 대해서도 사람마다 서로 다른 의견이 있을 거예요. 시기에 상관없이 태아는 그 자체로 존엄하고 보호받아야 할 존재라고 생각할 수도 있고, 여성의 자기 결정권 또한 시기에 상관없이 보장되어야 한다고 생각할 수도 있을 거예요.

헌법재판소도 태아의 생명권과 여성의 자기 결정권 모두의 중요성을 고려한 나머지 궁여지책으로 이런 의견을 도출했는지도 모르겠어요. 아무튼 이제 모든 공은 입법자(국회)에게로 넘어갔어요.

헌법재판소의 낙태죄 조항에 대한 헌법 불합치 결정이 난 후 정부와 국회는 개정안에 착수했지만 결과를 도출하기가 쉽지 않았어요. 태아의 생명권과 여성의 자기 결정권이 팽팽히 맞섰기 때문이에요. 정부는 법 개정 시한(2020년 12월 31일)을 불과 두 달도 남겨 놓지 않은 시점에서 낙태죄 개정안을 입법 예고했어요.

정부가 마련한 개정안은 임신 초기인 14주 이내의 경우 낙태를 전면 허용하고, 특별한 사유가 있을 경우에는 임신 24주까지 낙태를 제한적으로 허용한다는 내용이에요. 그리고 낙태죄 처벌 조항은 그대로 유지하면서 새로운 허용 요건을 담자는 내용도 포함했어요.

정부안과는 별도로 국회도 낙태죄 개정안을 발의했는데, 낙태를 전면 허용하자는 내용과 임신 6주 이내만 허용하자는 내용이었어요. 정부안과 국회에서 발의한 내용은 모두 여성계와 종교계의 반발을 불러왔어요. 여성계는 낙태죄 전면 폐지를 주장했고, 종교계는 낙태죄 유지를 주장했기 때문이에요.

결국 국회는 헌법재판소가 제시한 2020년 12월 31일까지 낙태죄에 대한 개정안을 내놓지 못했어요. 그렇기 때문에 2021년 1월 1일부터 낙태죄 조항은 효력을 상실했어요. 효력을 상실했지만 법적 공백이 생길 것이라는 헌법재판소의 우려는 일어나지 않을 거예요. 이미 우리 사회에서 낙태죄는 그만큼 사문화된 조항이기 때문이지요. 이제 국회에서 새로운 개정안을 내놓기 전까지 낙태죄는 우리 사회에 존재하지 않는 법이에요.

헌법재판소가 제시한 법 개정 시한은 지나갔지만 낙태죄 개정안은 곧 만들어질 예정이에요. 정부안으로 결정될지, 아니면 전면 폐지 쪽으로 결정될지는 아직 모르지만 어떻게 결정이 나든 당분간은 논란이 될 수밖에 없어요. 태아의 생명권과 여성의 자기 결정권을 어떻게 보느냐에 따라 서로 입장이 다르기 때문이지요.

정리 노트

▶ 2019년 4월 11일, 헌법재판소는 「형법」 제269조 제1항, 제270조 제1항의 낙태죄 조항이 여성의 자기 결정권을 침해한다는 이유로 헌법 불합치 결정을 내렸다.

▶ 자기 결정권은 인간의 존엄성을 실현하기 위한 수단으로, 자신의 생활 영역에서 인격의 발현과 삶의 방식에 관한 근본적인 결정을 자율적으로 내릴 수 있는 권리이다.

▶ 헌법재판소는 자기 결정권에는 여성이 그의 존엄한 인격권을 바탕으로 자율적으로 자신의 생활 영역을 형성해 나갈 수 있는 권리가 포함되고, 또한 임신한 여성이 자신

의 신체를 임신 상태로 유지하여 출산할 것인지, 그렇지 않을 것인지 결정할 수 있는 권리도 포함된다고 판단했다.

▶ 낙태죄 조항에 대한 헌법 불합치 결정 이후 정부가 마련한 개정안은 임신 초기인 14주 이내의 경우 낙태를 전면 허용하고, 특별한 사유가 있을 경우에는 임신 24주까지 낙태를 제한적으로 허용한다는 내용이었다. 하지만 이 개정안은 헌법재판소가 제시한 기한인 2020년 12월 31일까지 국회에서 합의되지 못했고, 낙태죄 조항은 2021년 1월 1일부터 효력을 상실했다.

사회를 심판하다, 대법원의 판결

제2장

10
상관의 명령에 따른 행동도 죄가 될 수 있는가?

① **소송 시기** : 1987년

② **소송 당사자** : 고문을 행한 경찰관 5명

③ **판결 시기** : 1988년 2월 23일 (대법원 1988년 2월 23일 선고, 87도2358 판결)

④ **판결** : 상관의 명령이라 하더라도 고문과 같은 위법한 행위는 정당화될 수 없다.

1 | 소송 내용과 판결

이야기 읽기

1987년 서울대학교에 다니는 학생이 경찰서에서 조사를 받다가 사망하는 사건이 발생했다.

◆ **경찰** : 조사를 하던 중 책상을 '탁' 치니까 '억' 하고 쓰러졌고, 급히 병원으로 옮겼으나 사망했습니다.

◆ **부검의** : 사망한 학생은 고문을 받았을 가능성이 높습니다.

◆ **검사** : 고문에 가담한 경찰관들을 구속 기소하겠습니다.
◆ **고문 경찰들** : 저희는 상관의 명령으로 어쩔 수 없이 고문을 한 것입니다.
저희는 죄가 없습니다.

지금 우리는 민주주의가 실현된 사회에 살고 있을까요? 많은 사람들이 그렇다고 말할 거예요. 완전하지는 않더라도 국민의 기본권이 보장되고, 모든 면에서 자유롭게 생활할 수 있으니까요.

현재 우리가 누리는 자유는 1980년대 후반부터 점차 이루어진 것이고, 그 이전에는 독재 정권 치하였기 때문에 엄격한 통제를 받아야 했어요. 독재 정권은 자신들의 정권을 유지하기 위해 정권에 반하는 모든 것을 통제했고, 이를 어길 경우 가차 없이 처벌하는 만행을 저질렀어요.

하지만 독재 정권의 억압 속에서도 민주주의를 바라는 사람들의 노력은 계속되었어요. 특히 대학생들은 독재 정권에 항거하는 시위를 이어 갔어요. 그럴 때마다 정권은 이들을 진압하기 위해 불법 행위를 서슴지 않았어요.

1987년 1월 14일, 경찰은 서울대학교 '민주화추진위원회' 사건 관련 수배자들의 소재를 파악하기 위해 서울대학교 학생 박종철 군의 하숙집을 찾아갔어요. 박종철 군을 찾아간 경찰들은 대공 수사관들이었어요. 대공 수사란 '국가보안법을 위반하고 공산주의와 관련된 활동을 하는 행위에 대하여 벌이는 수사'를 말해요. 경찰은 당시 민주화 운동을 하는 사람들을 모두 공산주의와 관련된 활동을 하는 사람들로 규정했던 거예요.

　대공 수사관들은 영장도 없이 박종철 군을 연행했고, 수배자들의 명단을 알아내기 위해 물고문을 시작했어요. 다음 날 박종철 군은 물고문 도중 의식을 잃었고, 결국 사망하고 말았어요. 경찰청장(당시 치안본부장)은 박종철 군의 사망을 공식 시인했고, 단순 쇼크에 의해 사망했다고 발표했어요. 수사관이 책상을 '탁' 치자 '억' 하고 쓰러졌다는 말도 안 되는 발표를 한 거예요. 경찰의 이런 발표를 그대로 믿을 사람은 아무도 없었어요. 사람들은 박종철 군이 경찰의 가혹 행위에 의해 사망했을 거라고 생각했어요.

　사람들의 예상대로 당시 부검을 맡았던 의사가 박종철 군의 사망은 고문에 따른 사망일 가능성이 높다는 증언을 했고, 이런 사실이 언론에 보도되면서 경찰이 사건을 은폐했다는 의혹이 강하게 제기되었어요. 결국 경찰은 1월 17일 수사에 착수했고, 1월 19일 고문을 공식 인정했어요. 그리고 고문을 행한 수사관 두 명을 구속했어요.

사건은 그렇게 마무리되는 것처럼 보였어요. 그런데 1987년 5월 18일 천주교 정의구현사제단은 당시 박종철 군을 고문한 수사관이 세 명 더 있었고 경찰이 사건을 축소·은폐했다는 사실을 공개했어요. 이에 국민들은 분노했고, 결국 경찰은 당시 사건을 지휘했던 간부들과 고문에 가담했던 수사관 세 명을 추가로 구속했어요.

1987년 7월, 박종철 군 고문치사 사건 관련자들에 대한 선고 공판이 열렸어요. 1심 법원은 사건을 축소·은폐한 간부들에 대해서는 집행 유예 판결을 내렸고, 고문을 행한 수사관 다섯 명에게는 각각 징역 7년에서 15년 형을 선고했어요.

징역형이 선고되자 수사관 다섯 명은 자신들은 상관의 명령에 따라 어쩔 수 없이 고문을 행한 것이라고 주장하며 항소했어요. 1987년 10월 항소심 재판부는 1심보다 형량을 조금 낮춰 수사관 다섯 명에게 각각 3년에서 10년 형을 선고했어요. 그리고 간부들에게는 1심 판결과 다르게 무죄를 선고했어요. 2심 법원에서도 징역형이 선고되자 수사관 다섯 명은 대법원에 상고했어요.

1988년 2월 23일, 대법원은 비록 상관의 명령이라 하더라도 고문과 같은 위법한 행위는 정당화될 수 없다는 판결을 내렸어요. 대법원 판결로 다섯 명의 상고는 기각되었고, 2심 법원의 형량이 그대로 확정되었어요.(대법원은 간부들에게 내려진 2심 법원의 무죄 판결은 잘못되었다고 판결했고, 간부들은 결국 집행 유예가 확정되었음.)

대법원은 공무원이 그 직무를 수행함에 있어 상관은 부하 직원에게 범죄 행위 등 위법한 행위를 명령할 권한이 없고, 부하 직원은 그 명령이 위법할 때에는 이미 직무상 명령이라고 볼 수 없기 때문에 따라야 할 의무도 없다고 판단했어요.

대법원은 상관의 명령에 절대 복종해야 하는 것이 불문율인 대공 수사관들이지만, 그렇더라도 그것이 국민의 기본권인 신체의 자유를 침해하는 고문 행위라면 그 어떤 경우에도 정당화될 수 없다고 보았어요.

대법원의 판결에서 아쉬운 점은 사건을 축소·은폐하고 명령을 내린 간부들에게 집행 유예 판결을 내렸다는 점이에요. 오히려 간부들에게 더 큰 책임을 물어야 함에도 이런 판결을 내린 것은 사건의 중요성을 감안할 때 조금 이해하기 어려운 판단이었다고 볼 수 있어요.

2 | 판결에 대한 다른 생각

꽃다운 나이의 대학생에게 고문을 가하여 죽음에 이르게 한 사람들에게 죄를 묻고 벌을 내리는 것에 반대하는 사람은 아무도 없을 거예요. 박종철 군을 직접 고문한 수사관들은 모두 법의 심판을 받았어요. 이들을 옹호할 생각은 전혀 없지만 이 사건에서 생각해 보아야 할 점이 한 가지 있어요.

'명령을 따른 사람에게 죄를 물을 수 있는가?'

박종철 군을 고문한 수사관들도 모두 재판 과정에서 이런 점을 강조했어요. 수사관들은 자신들의 업무는 피고인을 수사하는 것이고, 피고인에게 가한 가혹 행위는 모두 상관의 명령에 따른 행동이기 때문에 정당한 행위였다고 주장했어요.

민주인권기념관으로 거듭난 옛 남영동 대공분실

대법원 판결에서도 언급했듯이 대공 수사관은 상관의 명령에 절대적으로 복종해야 한다는 것이 불문율이에요. 만약 수사관들이 상관의 명령을 거역했다면 어떻게 될까요? 아마도 명령 불복종으로 해고당했을 거예요. 해고당할 것을 각오하면서까지 상관의 명령을 거역할 수사관이 얼마나 될까요? 가족을 책임지고 있는 가장이라면 더욱 갈등과 고민을 했을 것이고, 상관의 명령을 거역할 수는 없었을 거예요.

그렇다고 이들에게 면죄부를 줄 수 있는 상황은 아니에요. 아무리 상관의 명령이었더라도 고문이라는 위법 행위를 가하여 한 대학생의 생명을 앗아 간 것은 그 자체가 범죄이기 때문이지요.

조금 극단적인 상황을 예로 들어 볼게요. 살인을 지시한 자와 살인을 행한 자가 있어요. 두 사람 중에서 단순히 지시를 받고 살인을 행한 자에게 죄를 물을 수 있을까요? 이런 경우 이미 우리는 두 사람 모두에게 죄가 있다는 것을 알고 있으며, 현행 법률에서도 이를 인정하고 있어요.

박종철 군 고문치사 사건의 경우는 어떨까요? 수사관들은 상관의 명령에 의해 위법적인 고문을 행했어요. 그들은 처음에 그 고문으로 인해 사람이 죽을 거라고 생각하지 못했을 거예요. 하지만 고문의 강도가 심해지면 목숨을 잃게 된다는 건 누구나 예상할 수 있어요. 수사관들은 저항하는 피고인에게 계속해서 강도 높은 고문을 행했고, 결국 목숨을 잃게 만들었어요. 수사관들이 책임을 면할 수 없는 부분이지요.

수사관들은 이런 방법밖에 없었을까요? 상관의 명령이더라도 다른 방법으로 원하는 바를 얻을 수는 없었을까요? 혹은 고문의 강도를 조금 약하게 할 수는 없었을까요? 지금에 와서 여러 가능성을 언급하는 것은 큰 의미가 없겠지만, 당시 상황이 한 사람의 생명을 앗아 갈 만큼 급박했느냐에 대해서는 생각해 볼 필요가 있어요. 아마 대부분은 그렇지 않았을 것이라고 추측할 거예요. 바로 이런 점이 수사관들에게 면죄부를 줄 수 없는 이유이기도 해요.

전쟁터나 독재 정권 아래서 상관의 명령을 거역한다는 것은 매우 어려운 일이에요. 왜냐하면 자신의 목숨까지 위험해질 수 있기 때문이지요. 상관의 명령에 따르지 않으면 자신이 죽을 수도 있기 때문에 어쩔 수 없이 한 행위라고 변명할 수도 있어요. 그렇더라도 그에게 죄가 없는 것은 아니에요. 그들의 입장에서 조금은 이해할 수 있겠지만 그들의 위법 행위는 결코 정당화될 수도, 용납할 수도 없는 행위이기 때문이에요.

3 | 판결을 바라보는 눈

박종철 군 고문치사 사건에서 대법원이 내린 판결의 핵심 내용은 공무원 중 하급자는 상급자의 적법한 명령에만 복종할 의무가 있으며, 고문과 같은 명백하게 위법한 행위, 불법한 명령의 경우에는 따라야 할 의무가 없다는 것이었어요.

이 사건은 당시 독재 정권에 큰 타격을 주었고, 정권 규탄 시위를 촉발하게 만들었어요. 또한 이 사건은 1987년 6월 항쟁의 중요한 계기로 작용하여 우리나라의 민주화 운동에 촉매제 역할을 했다는 평가도 받고 있어요.

박종철 군이 사망한 이후 민주화가 되면서 그에 대한 추모 활동도 활발하게 전개되었어요. 박종철 군의 뜻을 기리기 위해 '(사)민주열사 박종철 기념사업회'가 만들어져서 1987년 이후 매년 1월 14일에 서울과 부산 등지에서 추모제가 열리고 있어요. 1989년에는 경기도 남양주시 마석 모란공원 민주열사 묘역에 가묘를 만들어 그를 기리고 있으며, 1997년에는 서울대학교 교정에 흉상과 추모비가 건립되었어요. 2001년에는 서울대학교에서 명예 졸업장을 수여했고, 2003년에는 기념사업회가 '박종철 인권상'을 제정했어요. 2005년 서울경찰청은 박종철 군이 고문을 받다가 숨진 남영동 대공분실을 경찰청 인권센터로 만들었어요. 2008년에는 남영동 대공분실 4층과 5층에 '박종철 기념 전시실'을 개관했어요.

또한 2018년 1월에는 모교인 서울대학교 근처에 있는 신림동 대학5길에 '박종철 거리'가 조성되었어요. 2018년 3월에는 검찰총장이 요양원에 있던 박종철 군의 아버지 박정기 씨를 만나 31년 만에 고문치사 사건에 대해

서울대학교 교정의 박종철 군 흉상과 추모비

사과했어요. 현직 검찰총장이 과거사에 대해 직접 사과한 것은 처음 있는 일이었어요.

'명령을 따른 사람에게 죄를 물을 수 있는가?'

우리는 박종철 군 고문치사 사건을 통해 이 물음에 대한 답을 알게 되었어요. 이스라엘의 한 법원은 이미 60여 년 전에 이 물음에 대한 답을 명확히 제시했어요.

제2차 세계대전 중 독일의 히틀러는 수백만 명의 유대인을 학살하는 만행을 저질렀어요. 전쟁에서 독일이 패하자 유대인 학살에 관여한 독일의 수뇌부는 대부분 체포되어 법의 심판을 받았어요. 그런데 유대인 학살에 직접적으로 관여한 아돌프 아이히만은 전쟁이 끝날 무렵 자취를 감추었고, 그의 소재를 아는 사람은 아무도 없었어요. 아이히만은 상관의 명령에 따라 수백만 명의 유대인을 열차에 실어 수용소로 보내는 역할을 한 사람이었어요.

이스라엘 정보부는 사라진 아이히만을 추적하기 시작했고, 1957년경 아르헨티나에서 리카르도 클레멘트라는 이름으로 살고 있는 아이히만을 찾는 데 성공했어요. 이스라엘 정보부는 그때부터 2년 동안 아이히만을 감시했고, 그가 유대인 학살의 주범인 아이히만이라는 결론을 내렸어요. 이스라엘은 곧바로 아이히만을 납치하여 이스라엘로 데려왔고, 전 세계가 지켜보는 가운데 재판을 시작했어요.

아이히만은 재판에서 자신은 정치적으로 정책을 결정하거나 직접 만들지도 않았고, 단순히 상급자의 명령에 따라 유대인을 수용소로 이송했기 때문에 죄가 없다고 주장했어요. 하지만 이스라엘 법원은 수많은 증언과 문서를 통해 그가 유대인 학살에 직접적으로 관여했다고 판단했고, 그에게 사형 선고를 내렸어요. 아이히만은 1962년 5월 31일 감옥에서 교수형에 처해졌어요.

사실 아이히만은 그의 주장처럼 살인을 지시하지 않았고, 직접적으로 살인을 행하지도 않았어요. 단지 그는 상관의 명령에 따라 유대인을 수용소로 이송하는 업무만 했을 뿐이에요. 그렇다면 아이히만에게는 죄가 없는 것일까요?

아이히만은 분명 자신이 이송하는 유대인들이 목적지에 도착하면 어떻게 될지 알고 있었어요. 그는 집단 학살이 일어날 것을 알고서도 유대인들을 매우 적극적으로 수용소로 이송했어요. 그는 유대인들을 수용소로 보내는 데 뛰어난 능력을 발휘했고, 그 능력을 인정받아 책임자 자리까지 오르게 된 거예요. 이런 아이히만에게 죄가 없다고 할 수 있을까요?

아이히만이 뛰어난 능력을 발휘하지 않았다면 그렇게 많은 유대인이 수용소에서 목숨을 잃지 않았을 거예요. 그는 단순히 상관의 명령에 따른 것이 아니라 아주 적극적으로 상관의 명령을 수행한 사람이었어요. 그 명령이 사람을 죽이는 것인 줄 알면서도 말이에요.

아이히만의 입장에서는 전쟁 중 상관의 명령을 거역하는 것은 곧 죽음을 의미하기 때문에 그 명령을 거부하기가 쉽지 않았을 거예요. 그렇다고 아이히만의 행위를 어쩔 수 없는 선택이라고 동조하는 것은 옳지 않은 생각이에요. 왜냐하면 우리 주위에는 그럼에도 불구하고 자신을 희생하여 옳은 일을 하는 사람들이 분명히 존재하기 때문이지요.

재판에서 공개된 자료를 보면 아이히만은 매우 능동적이고 적극적으로 자신의 임무를 수행했다고 나와 있어요. 양심이 있는 사람이었다면 이런 행동을 할 수 없어요. 바로 이런 점이 명령에 충실히 따른 아이히만에게 면죄부를 줄 수 없는 이유이기도 해요.

박종철 군 고문치사 사건과 아이히만 사건은 우리에게 어떤 메시지를 던져 주고 있을까요? 이미 우리는 상관의 명령이라 하더라도 그것이 위법하다면 따르지 않아야 한다는 것을 알고 있어요.

여러분은 자신이 알고 있는 사항에 대해 망설임 없이 선택할 수 있나요? 만약 여러분이 수사관들과 아이히만의 입장이라면 어떤 선택을 했을까요? 전쟁 중이거나 독재 정권 아래서 명령에 불복종한다는 것은 자신의 목숨을 걸어야 할지도 모르는 위급한 상황이라고 볼 수 있어요. 수사관들과 아이히만처럼 명령에 따랐을까요, 아니면 명령에 불복종하고 죽음을 택했을까요? 그것도 아니면 명령에 따르면서 최선의 방법이 무엇인지 고민했을까요? 답은 알고 있지만 선택은 쉽지 않을 거예요.

박종철 군 고문치사 사건과 아이히만 사건의 중요한 메시지는 이 쉽지 않은 선택의 문제에 약간의 방향을 제시한 것이라고 할 수 있어요.

정리 노트

▶ 1988년 2월 23일, 대법원은 박종철 군 고문치사 사건에 대해 비록 상관의 명령이라 하더라도 고문과 같은 위법한 행위는 정당화될 수 없다는 판결을 내렸다.

▶ 대법원은 공무원이 그 직무를 수행함에 있어 상관은 부하 직원에게 범죄 행위 등 위법한 행위를 명령할 권한이 없고, 부하 직원은 그 명령이 위법할 때에는 이미 직무상 명령이라고 볼 수 없기 때문에 따라야 할 의무도 없다고 판단했다.

▶ 박종철 군 고문치사 사건과 아이히만 사건이 우리에게 던져 주는 메시지는 상관의 명령이라 하더라도 그것이 위법하다면 따르지 않아야 한다는 것이다.

11

조직의 불법적인 비밀을 누설한 사람에게 죄를 물을 수 있는가?

① **소송 시기** : 1990년

② **소송 당사자** : 이문옥 감사관

③ **판결 시기** : 1996년 5월 10일(대법원 1996년 5월 10일 선고, 95도780 판결)

④ **판결** : 피고인이 유출한 자료는 공무상 비밀에 해당된다고 볼 수 없다.

1 │ 소송 내용과 판결

이야기 읽기

1980년대 후반에 부동산 가격이 폭등하고, 부동산 투기가 심각한 사회 문제로 떠오르자 정부는 기업들이 보유한 비업무용 토지를 조사하라고 지시했다. 기업들이 비업무용 토지를 이용하여 부동산 투기를 한다고 생각했기 때문이다.

◆**감사원 간부** : 현재 조사하고 있는 기업들의 비업무용 토지를 더 이상 조사하지 마세요. 이번 실태 조사는 여기서 종료하겠습니다.

◆ **이문옥 감사관** : 조사를 중단하는 이유가 무엇입니까?

◆ **감사원 간부** : 상부의 지시입니다.

◆ **이문옥 감사관** : 제가 조사한 바에 따르면 기존에 알려진 것과 너무 많은 차이가 있습니다. 이런 사실이 공개되어야 국가와 국민에게 이익이 됩니다.

◆ **감사원 간부** : 당신은 공무원이기 때문에 직무상 알게 된 비밀에 대해서는 허락 없이 누설해서는 안 됩니다. 만약 누설할 경우 처벌을 받게 됩니다.

◆ **이문옥 감사관** : 불법적인 사실을 공개하는 것은 오히려 국가와 국민에게 도움이 되는 행위이기 때문에 죄가 될 수 없습니다.

혹시 '공익 신고자(제보자)'나 '내부 고발자'라는 말을 들어 보았나요? 두 말은 같은 의미로 사용되는데, 사전적 의미는 '사회 전체의 이익을 위해 정보를 제공하는 사람'을 말해요. 조금 더 자세히 설명하면, 공익 신고자는 특정 집단의 구성원이 내부에서 저질러지는 부정부패와 비리를 외부에 알림으로써 공공의 안전과 권익을 지키려고 노력하는 사람이에요.

자신이 몸담고 있는 단체나 조직의 비밀을 외부에 알리는 것은 쉬운 일이 아니에요. 비록 그것이 위법한 내용이라 하더라도 말이지요. 왜냐하면 그런 내용을 외부에 알렸을 때는 여러 가지 불이익을 당할 수 있기 때문이에요. 실제로 이런 사람들은 조직으로부터 배신자라는 따가운 시선을 받아야 했고, 조직이나 직장에서 파면되는 경우가 많았어요. 게다가 오랫동안 소송에 시달려야 했기 때문에 자신의 모든 것을 걸지 않고는 하기 어려운 일이었어요.

여러분이 어떤 조직의 일원이고, 조직 내의 불법적인 일을 알았다고 가정해 보세요. 여러분은 그 일을 외부에 알릴 건가요, 아니면 조직을 위해서 모른 척할 건가요? 쉽지 않은 선택일 거예요. 외부에 알리게 되면 여러 가지 어려운 상황을 겪어야 하는데, 그것을 감당할 수 있을지도 의문이고, 그렇다고 모른 척하고 있으려니 양심이 불편하여 그것도 힘든 일이지요.

행정 기관과 공무원의 직무에 대한 감찰을 목적으로 설립된 감사원

우리 사회에서 이런 공익 신고의 역사를 열었다고 평가받는 사건이 있었어요. 이 사건을 계기로 우리 사회는 공익 신고가 늘어나게 되었고, 공익 신고자에 대한 보호도 제도화되었어요.

1980년대 후반에 부동산 가격이 폭등하고, 부동산 투기가 심각한 사회 문제가 되었어요. 정부는 기업들이 비업무용 토지를 통하여 부동산 투기를 하는 것이라고 추측하고, 이에 대한 실태 조사를 지시했어요.

감사원은 기업들의 비업무용 토지가 어느 정도인지, 또 그 토지에 대한 국세청의 과세가 제대로 이루어지고 있는지 파악하기 위해 감사를 시작했어요. 감사는 1989년 8월 16일부터 2주 예정으로 진행되었는데, 그 도중에 갑자기 감사를 중지하라는 지시가 내려왔어요.

당시 감사를 진행했던 이문옥 감사관은 재벌 기업들이 보유한 비업무용 토지 보유 비율이 은행감독원(현재의 금융감독원)이 발표한 1.2퍼센트보다 훨씬 높은 43.3퍼센트에 달한다는 사실을 발견했는데, 결국 업계의 로비에 따라 상부의 지시로 감사가 중단되었다는 사실을 알게 되었어요.

1990년 2월, 이문옥 감사관은 한겨레신문사에 자신이 알고 있는 사실을 제보했어요. 한겨레신문사는 제보를 받고 2개월 정도가 지난 5월 11일부터 이틀에 걸쳐 보도했어요. 당시는 부동산 가격 폭등으로 온 사회가 들끓던 시점이었기 때문에 〈한겨레〉의 보도는 세간의 이목을 집중시켰고, 큰 충격을 안겨 주었어요.

이문옥 감사관은 〈한겨레〉의 보도가 나간 이후, 감사원 측에 그 제보자가 자신이라고 스스로 밝혔어요. 대검찰청 중앙수사부는 이문옥 감사관을 연행해 조사를 벌였고, 직무상 알게 된 비밀을 누설했다는 이유로 구속 기소했어요. 「형법」제127조에는 '공무원 또는 공무원이었던 자가 법령에 의한 직무상 비밀을 누설한 때에는 2년 이하의 징역이나 금고 또는 5년 이하의 자격 정지에 처한다.'고 규정하고 있어요. 감사원 또한 이문옥 감사관에게 파면 처분을 내렸어요.

1993년 9월 6일, 사건 소송을 맡은 서울형사지법은 공무상 비밀 누설 혐의로 기소된 이문옥 감사관 선고 공판에서 "당시 부동산 투기 문제가 심각했던 상황에서 국민의 알 권리 등에 비추어 볼 때 이를 공개하지 않는 것이 정부나 국민에게 이익이 된다고 볼 수 없다."면서 무죄를 선고했어요. 1심 법원은 이 감사관이 유출한 자료는 직무상 비밀로 볼 수 없다고 판단하여 무죄를 선고한 거예요.

1심 법원이 무죄를 선고하자 검찰은 곧바로 항소했어요. 1995년 2월 21일, 항소심 재판을 맡은 서울형사지법 항소부는 1심 판결과 마찬가지로 이 감사관에게 무죄를 선고했어요. 이에 검찰은 대법원에 상고했어요. 1996년 5월 10일, 대법원도 1심과 2심 판결이 정당하다며 이 감사관의 손을 들어 주었어요.

대법원은 「형법」 제127조에서 규정하고 있는 직무상 '비밀'의 의미에 대해 '실질적으로 보호할 가치가 있다고 인정할 수 있는 것'이라고 정의했어요. 대법원이 정의한 비밀의 의미를 조금 더 풀어보면 비밀은 여러 사람에게 알려지지 않은 비밀성을 지녀야 하고, 정부나 국민의 이익을 위해서 보호할 가치가 있어야 한다는 뜻이에요.

대법원은 당시 부동산 투기가 심각한 사회 문제로 대두된 상황에서 기업의 비업무용 부동산 보유 실태는 전 국민의 관심 사항이었기 때문에 이를 공개하는 것은 국민 전체의 이익에 이바지하는 것이지, 그것이 국가의 기능을 위협하는 것은 아니라고 판단했어요. 대법원은 이문옥 감사관이 누설한 내용은 보호할 가치가 있는 직무상의 비밀은 아니라고 판단한 거예요.

대법원의 최종 판결로 이문옥 감사관은 기소된 지 6년이 지나서야 직무상 비밀 누설 혐의에서 벗어나게 되었어요.

2 | 판결에 대한 다른 생각

우리나라 「형법」 제127조에는 공무원의 비밀 누설 금지를 규정하고 있고, 또 「국가공무원법」 제60조에도 '공무원은 재직 중은 물론 퇴직 후에도 직무상 알게 된 비밀을 엄수하여야 한다.'고 규정하고 있어요.

이처럼 「형법」과 「국가공무원법」에서 공무원에게 직무상 알게 된 비밀을 누설하지 말라고 규정한 가장 큰 이유는 무엇일까요? 그것은 공무원의 비밀 누설로 인해 정치, 군사, 외교, 경제, 사회 등 여러 측면에서 국가 기능이 위협받을 수 있기 때문이에요.

이문옥 감사관이 언론에 유출한 기업의 비업무용 토지 보유 비율에 대한 내용은 1심과, 2심, 대법원 모두가 공통된 의견으로 직무상 비밀에 해당되지 않는다고 판결했기 때문에 이 부분에 대해 반대 의견을 말하기는 쉽지 않아요.

하지만 어떤 것이 직무상 비밀에 해당하는지에 대해서는 한번 생각해 볼 필요가 있어요. 대법원은 직무상 비밀에 대해 그것이 일반에 알려졌을 때, 그로 인해 행정 목적을 침해할 우려가 있는지를 기준으로 판단해야 한다고 언급했어요.

이 말은 행정 기관이 비밀이라고 형식적으로 정한 것에 따르는 것이 아니라 실질적으로 비밀로서 보호할 가치가 있어야 한다는 의미예요. 즉 직무상 비밀이란 정부나 국민의 이익을 위해 보호할 가치가 있는 것이라고 말할 수 있어요. 조금 다르게 표현하면, 그것이 외부에 알려졌을 때 정부나 국민에게 피해가 되는 것이에요.

이문옥 감사관의 경우에는 그것이 외부에 알려졌을 때 정부나 국민에게 피해를 주는 것이 아니라 오히려 정부나 국민에게 이익(심각한 사회 문제였던 부동산 투기를 막는 데 도움)이 될 수 있었기 때문에 직무상 비밀이라고 볼 수 없었던 거예요.

앞에서 공익 신고자는 특정 집단의 구성원이 내부에서 저질러지는 부정부패와 비리를 외부에 알림으로써 공공의 안전과 권익을 지키려고 노력하는 사람이라고 말했어요. 그렇다면 이문옥 감사관은 공익 신고자인가요? 이 감사관은 자신이 몸담고 있던 집단의 비리(업계의 로비로 기업의 비업무용 부동산 취득 실태 감사가 고위 간부의 지시로 중단됨.)를 외부에 알림으로써 국가와 국민의 이익을 지키는 데 도움을 주었어요. 당연히 공익 신고자로 볼 수 있지요.

공익 신고는 더 건강하고 건전한 사회를 만들기 위해 필요하고 장려해야 할 일이지만 조금 신중하게 판단해서 결정해야 할 필요도 있어요. 잘못된 공익 신고는 오히려 조직의 신뢰를 잃게 할 뿐 아니라 사회에 혼란을 줄 수 있기 때문이에요.

또한 공익 신고를 미끼로 사익을 추구하는 행위도 경계해야 될 일이에요. 이런 행위는 조직과 사회를 병들게 할 뿐만 아니라 자신도 병들게 하는 행동이기 때문이지요.

3 | 판결을 바라보는 눈

대법원의 판결로 이문옥 감사관은 직무상 비밀 누설 혐의에 대해 무죄 판결을 받았어요. 6년이라는 긴 시간 동안 많은 고통을 당했지만 무죄 판결을 받으면서 명예를 회복할 수 있었지요. 또한 감사원은 형사 소송과는 별도로 이문옥 감사관을 파면 처분했는데, 이에 대해서도 이 감사관은 파면 취소 소송을 제기했고, 1996년 10월 대법원은 파면 처분이 부당하다고 판결했어요.

모든 소송에서 승리한 이 감사관은 곧바로 복직했고, 1999년 정년퇴직했어요. 이 감사관은 정년퇴직 후에도 공익 신고자에 대한 사회 인식을 바꾸고, 공익 신고자 보호를 위한 제도 개선에 앞장서고 있어요.

공익 신고는 우리 사회를 보다 건강하게 발전시키는 데 도움을 주는 행동이에요. 공무원과 기업의 부정부패를 제보하지 않으면 국가와 국민은 피해를 볼 수밖에 없어요. 공익 신고는 조직을 배신하는 행동이 아니라 오히려 조직을 더 건강하게 만드는 행동이고, 사회 공동체 모두에게 이익을 주는 행동이에요.

이처럼 깨끗하고 건강한 사회를 만드는 데 빛과 같은 역할을 하는 공익 신고이지만, 그동안 공익 신고자는 자신이 속한 조직을 배신했다는 이유로 직장을 잃거나 소송을 치르면서 많은 고통을 겪어야 했어요. 이런 사실 때문에 공익 신고 또한 잘 이루어지지 못했어요. 그래서 시민 단체를 중심으로 공익 신고자를 보호하기 위한 노력이 시작되었어요.

공익 신고자에 대한 보호 제도가 마련된 것은 2001년부터 시행된 「부패

방지법」에 의해서예요. 이 법은 시민 단체가 입법 청원을 하고 서명 운동을 전개한 데 힘입어 2001년 국회를 통과하여 시행하게 된 법률이에요. 이 법률에는 공익 신고자에 대한 법적 보호 장치가 마련되어 있는데, 한 가지 아쉬운 점은 그 보호 대상이 공공 기관 종사자로 한정되었다는 사실이에요. 기업이나 사학 재단의 비리를 폭로한 공익 신고자는 여전히 보호를 받을 수 없었어요.(「부패방지법」은 2008년 제정된 「부패방지 및 국민권익위원회의 설치와 운영에 관한 법률」이 시행되면서 폐지됨.)

시민 단체와 학계는 이후에도 계속해서 공익 신고자의 보호 범위를 확대해 줄 것을 요구했고, 이에 정부는 2011년 공익 신고자를 보호하기 위해 「공익신고자 보호법」을 제정했어요. 이 법의 시행으로 공익 신고자의 범위가 공공 영역에서 민간 영역까지 확대되었어요.

이처럼 공익 신고자를 보호하기 위한 법적 장치는 마련되었지만 공익 신고자가 자신의 신분을 밝히면서 신고하는 것은 여전히 쉬운 일이 아니었어요. 신분을 밝혔을 때 협박이나 보복을 당할 수도 있기 때문이지요. 신분 노출을 두려워하는 사람들을 위해 '대리 신고 제도'가 있었으면 좋았을 텐데, 「공익신고자 보호법」에는 그런 제도가 마련되어 있지 않았어요.

신분 노출을 두려워하는 사람들을 위한 대리 신고 제도는 2018년 「공익신고자 보호법」이 일부 개정되면서 시행될 수 있었어요. 이 제도는 공익 신고자가 변호사를 선임하여 신고자의 이름이 아닌 변호사의 이름으로 국민권익위원회에 공익 신고를 할 수 있도록 만든 제도예요. 제보를 받은 변호사는 증거 자료와 위임장을 가지고 국민권익위원회에 신고할 수 있는데, 제출된 자료는 봉인되어 보관되기 때문에 신고자를 안전하게 보호할 수 있어요.

지금은 과거에 비해 공익 신고의 범위가 넓어졌고, 공익 신고자에 대한 보호도 제도화되어 있으며, 사회 인식도 많이 바뀌었어요. 공익 신고자가 잘 보호받을수록 공익 신고는 늘어나게 되고, 그로 인해 우리 사회는 보다 청렴하게 바뀔 수 있어요. 반대로, 공익 신고자가 보호받지 못하면 공익 신고는 줄어들게 되고, 우리 사회는 점점 더 병들 수밖에 없어요.

1996년 이문옥 감사관에 대한 대법원 판결 이후 우리 사회는 공익 신고와 그 신고자에 대한 보호를 위해 많은 노력을 기울였고, 지금은 법적인 장치까지 마련하여 공익 신고와 신고자를 보호하고 있어요.

▶ 공익 신고자는 특정 집단의 구성원이 내부에서 저질러지는 부정부패와 비리를 외부에 알림으로써 공공의 안전과 권익을 지키려고 노력하는 사람이다.

▶ 「형법」 제127조에는 '공무원 또는 공무원이었던 자가 법령에 의한 직무상 비밀을 누설한 때에는 2년 이하의 징역이나 금고 또는 5년 이하의 자격 정지에 처한다.'고 규정하고 있다. 「국가공무원법」 제60조에는 '공무원은 재직 중은 물론 퇴직 후에도 직무상 알게 된 비밀을 엄수하여야 한다.'고 규정하고 있다.

▶ 대법원은 직무상 비밀이란 정부나 국민의 이익을 위해 보호할 가치가 있는 것이라고 정의했다.

▶ 「공익신고자 보호법」이 제정되면서 공익 신고자를 보호하기 위한 법적 장치가 마련되었는데, 이 법에서 규정하고 있는 대리 신고 제도는 공익 신고자가 변호사를 선임하여 신고자의 이름이 아닌 변호사의 이름으로 국민권익위원회에 공익 신고를 할 수 있도록 만든 제도이다.

12

시집간 딸은 친정 일에 관여할 자격이 없는가?

① **소송 시기** : 2000년

② **소송 당사자** : 용인 이씨 후손인 결혼한 여성 5명

③ **판결 시기** : 2005년 7월 21일(대법원 2005년 7월 21일 선고, 2002다1178 판결)

④ **판결** : 공동 선조와 성과 본관이 같은 후손은 성별의 구별 없이 성년이 되면 그 구성원이 되어야 한다.

1 │ 소송 내용과 판결

이야기 읽기

1993년 용인 이씨 사맹공파 종중은 종중 소유의 토지를 350억 원에 팔았고, 이 돈을 종중 회원인 성년 남자, 미성년 남자들에게 차등 분배했다. 하지만 성년 여자와 미성년 여자들에게는 증여 형식으로 일부 금액만 지급했고, 결혼한 여성에게는 한 푼도 지급하지 않았다.

◆**용인 이씨 후손인 결혼한 여성 100여 명** : 우리도 용인 이씨 후손인데, 왜

우리에게는 한 푼도 지급하지 않는 건가요?

◆**용인 이씨 종중** : 여자는 결혼하면 출가외인이라 지급하지 않았습니다. 하지만 특별히 일부 금액을 지급하도록 하겠습니다.

◆**용인 이씨 후손인 결혼한 여성 5명** : 종중 규약에는 성년이 되면 누구나 종중의 회원이 된다고 규정하고 있습니다. 이 규약에 따르면 결혼한 여성도 종중 회원입니다. 남자는 회원이라고 하여 토지 대금을 많이 받고, 결혼한 여자는 회원이 아니라고 해서 아주 적게 지급하는 것은 여성에 대한 차별입니다.

◆**용인 이씨 종중** : 여성은 결혼하면 시댁 사람이 되고, 친정에는 잘 올 수도 없기 때문에 남성과 여성을 똑같이 볼 수는 없습니다. 토지 대금을 차등 지급하는 것은 당연합니다.

혹시 '여자는 출가외인(出嫁外人)'이라는 말을 들어 본 적 있나요? 이 말은 여자는 시집을 가면 남이나 다름없다는 뜻이에요. 또 '여자는 시집가면 죽어도 그 집 귀신이 되어야 한다.'는 말도 있어요. 여자는 시집을 가고 나면 시댁 사람이 된다는 의미에서 나온 말들이에요.

지금은 대다수의 사람들이 이 말을 인정하지 않지만 불과 몇십 년 전만 하더라도 이렇게 생각하는 사람이 많았어요. 요즘은 오히려 반대되는 이야기가 들려오고 있어요. 결혼한 아들은 더 이상 아들이 아니라는 이야기도 있고, 딸이 결혼하면 아들(사위)을 한 명 더 얻게 된다는 이야기도 있어요. 시집간 딸이 오히려 친정에 더 관심을 갖고 잘한다는 의미에서 나온 말들이지요.

　2000년 4월, 용인 이씨 후손인 결혼한 여성 다섯 명이 '종중'을 상대로 소송을 제기하는 사건이 있었어요. 종중은 '같은 조상을 둔 후손들이 조상의 산소를 보살피고 제사를 지내기 위해 자연스럽게 형성된 모임'이에요. 흔히 '문중'이라고도 불러요.

　여러분은 잘 모르겠지만 부모님은 대부분 종중의 회원으로 등록되어 있을 거예요. 예를 들어 '밀양(본) 박씨(성) 28세손', '김해 김씨 30세손' 하는 말은 모두 종중 회원의 위치를 알려 주는 말이에요. 요즘은 종중의 개념이 많이 희석되었기 때문에 종중이 있는지도 모르고 지내는 경우가 많지만 아주 유서 깊은 가문인 경우에는 지금도 종중을 매우 중요하게 생각하고 있어요.

　용인 이씨 사맹공파 종중은 1993년에 종중 소유의 임야를 아파트 건설업체에 350억 원을 받고 팔았어요. 종중은 350억 원을 종중 회원들에게 분배하면서 성인 남자에게는 1억 5,000만 원, 미성년 남자에게는 1,650만~5,500만 원씩 차등 지급했어요. 하지만 성년 여자에게는 3,300만 원씩, 미성년 여자에게는 1,650만~2,200만 원을 재산 분배가 아닌 증여 형식으로 지급했고, 결혼한 여자에게는 한 푼도 지급하지 않았어요.

이에 결혼한 여성 100여 명은 종중 회장을 찾아가 거세게 항의했고, 종중은 결혼한 여성에게도 2,200만 원씩 지급했어요. 하지만 결혼한 여성 다섯 명은 종중이 여성을 차별하여 종중 재산을 분배한 것은 용납할 수 없는 일이라며, 여성도 종중 회원임을 확인하는 소송을 제기했어요.

소송을 제기한 결혼한 여성 다섯 명은 종중 규약 제3조를 근거로 들었어요. 종중 규약 제3조는 '본 회는 용인 이씨 사맹공의 후손으로서 성년이 되면 회원 자격을 가진다.'고 규정하고 있어요. 결혼한 여성 다섯 명은 종중 규약에는 회원의 자격을 남자로 제한하지 않고 있기 때문에 여성들도 종중의 회원이라고 주장했어요.

하지만 소송 사건을 맡은 수원지방법원은 2001년 3월 원고 패소 판결을 내렸어요. 법원은 우리나라 성문법에는 종중의 개념을 규정하는 조항이 없지만 대법원 판례에서 종중의 개념을 성년 남자로 구성된 집단으로 규정하고 있다는 것을 근거로 들었어요.

대법원 판례에서는 종중에 대해 '공동 선조의 분묘 수호와 제사 및 종원 상호 간의 친목을 목적으로 하고, 공동 선조의 후손 가운데 성년 남자로 구성된 종족의 자연적 집단'이라고 규정하고 있어요. 1심 법원은 이런 대법원 판례를 근거로, 비록 종중 규약에는 회원의 자격을 남자로 제한하고 있지 않더라도 그것이 곧 여성도 회원의 자격을 갖는다는 의미는 아니라고 본 거예요.

1심에서 패소한 여성들은 곧바로 항소했어요. 하지만 항소심을 맡은 서울고등법원도 2001년 12월, 1심과 마찬가지로 원고 패소 판결을 내렸어요.

1심과 2심에서 모두 패한 여성들은 관습상 종중 회원을 성년 남성으로 단정하는 것은 헌법상 남녀평등권, 개인의 존엄과 양성평등, 행복 추구권을 침해한다며 대법원에 상고했어요.

사건을 맡은 대법원은 법정에서 변론 없이 서류만 검토하여 선고하는 통상의 상고심 재판과 다르게, 2003년 12월 사상 최초로 양측 대리인과 참고인의 의견을 법정에서 듣는 공개 변론을 열었어요. 대법원도 이 사건에 대한 사람들의 관심이 많다는 것을 알고 보다 신중한 판결을 내리기 위해 공개 변론을 열었던 거예요.

2005년 7월 21일, 대법원은 대법관 전원 일치 의견으로 "공동 선조와 성과 본관이 같은 후손은 성별의 구별 없이 성년이 되면 그 구성원이 되어야 한다."고 판결했어요. 대법원이 1심과 2심 판결을 뒤집는 판결을 내림으로써 여성들도 종중 회원의 자격을 얻게 되었어요.

대법원은 종중은 사회적 관행으로 만들어진 관습법에 의해 운영되는데, 사회의 기본 이념과 사회 질서가 변하여 전체 법질서에 맞지 않게 된다면 그 관습법은 법적 규범으로서의 효력이 인정될 수 없다고 보았어요. 즉 대법원은 종중과 관련된 관습법이 헌법을 최상위 규범으로 하는 전체 법질서에 맞지 않는다고 판단한 거예요.

대법원은 요즘 사회는 개인의 존엄과 양성의 평등을 기초로 한 가족생활을 보장하고 있고, 가족 내의 실질적 권리와 의무에 있어서도 남녀의 차별을 두지 않고 있기 때문에 종래의 관습법은 이에 맞지 않는다고 판단했어요.

또 지금은 정치, 경제, 사회, 문화 등 모든 영역에서 남녀평등을 실현하는 방향으로 변화가 이루어졌고, 앞으로도 남녀평등 원칙은 더 강화될 것이기 때문에 성년 남자만을 종중의 구성원으로 하는 종래의 관습법은 변화된 전체 법질서에도 맞지 않고, 정당성과 합리성도 없다고 보았어요.

대법원은 예전 판례에서 종중을 성년 남자의 집단으로 규정했지만 지금은 남녀평등 사회가 실현되었기 때문에 공동 선조와 성과 본관이 같은 후손은 성별의 구별 없이 성년이 되면 당연히 그 구성원이 되어야 한다고 판결한 거예요.

2 | 판결에 대한 다른 생각

대법원에서 여성들도 종중 회원의 구성원이 되어야 한다고 판결하자, 이에 대한 찬반양론이 거세게 일어났어요. 찬성 측에서는 양성평등의 이념을 확산시키는 데 기여한 매우 의미 있는 판결이라고 평가했지만 반대 측에서는 종중은 평등의 개념이 아닌 전통의 개념으로 접근해야 된다고 주장했어요. 반대 측에서는 이번 대법원의 판결이 전통에 반하는 판결이라고 본 거예요.

종중은 우리나라에만 존재하는 독특한 전통이기 때문에 보다 신중하게 남녀평등 문제를 바라볼 필요가 있어요. 종중은 같은 조상을 둔 후손들이 조상의 산소를 보살피고 제사를 지내기 위해 자연스럽게 형성된 모임이에요. 따라서 종중 회원의 가장 중요한 의무는 조상의 묘를 관리하고 제사를 지내는 일이에요.

지금까지 조상의 묘를 관리하고 제사를 지내는 일은 주로 남자들이 도맡아 해 왔어요. 딸들은 결혼하게 되면 시댁 사람이 되었기 때문에 친정 일에는 거의 올 수가 없었어요. 즉 성묘 때나 제사 때 딸들은 거의 참석하지 못했다는 이야기예요. 그러니까 종중은 남자들이 주체가 되어 모든 일을 처리했던 모임이었다고 볼 수 있어요.

이런 상황을 고려하면 종중은 요즘 우리 사회가 남녀평등을 당연하게 생각하는 것과는 별개로 바라보아야 할 필요가 있어요. 종중은 남녀평등의 가치보다는 남성들에 의해 지켜져 대대로 내려오는 전통에 더 큰 가치를 두고 봐야 한다는 이야기예요.

또 종중은 오로지 조상의 묘를 관리하고 제사를 목적으로 만든 사적인 모임이에요. 사적인 모임인 종중의 일에 법률이 관여해도 되는지 따져 볼 필요도 있어요. 예를 들어 친척들이 모임 하나를 만들었다고 가정해 보세요. 그 모임을 남자들만의 모임으로 하든, 20세 이상 남자들의 모임으로 하든, 또 회비를 얼마로 하든, 그건 그 모임을 만든 사람들이 결정할 일이에요. 이런 모임의 일에 법이 관여할 수는 없고, 관여해서도 안 되지요. 종중도 이런 관점에서 바라볼 필요가 있다는 거지요.

물론 사적인 모임이라도 그것이 법에 저촉되는 행위라면 당연히 관여해야 돼요. 그런데 종중 회원을 성년 남자로만 구성한다는 것은 법에 저촉되는 행위가 아니에요. 따라서 법이 관여해서 그 구성원을 결정하는 것은 옳은 판단이라고 볼 수 없어요.

대법원의 판결에서 또 한 가지 문제가 되는 부분은 본인의 의사와 상관없이 자동적으로 종중의 구성원이 된다는 판단이에요. 대법원은 성년이 되면 성별의 구별 없이 자동적으로 종중의 구성원이 되고, 종중에서 탈퇴하는 것은 불가능하다고 판단했어요.

종중이 사적인 모임이라고 볼 때 본인의 의사와 상관없이 강제적으로 모임의 구성원으로 편입시키는 것은 개인의 자유를 침해하는 규정이에요. 우리나라 헌법 제21조 제1항에는 '결사의 자유'를 규정하고 있어요. 결사의 자유란 다수인이 공동의 목적을 가지고 단체를 조직하는 자유를 말하는데, 여기에는 소극적 결사의 자유도 포함되어 있어요. 소극적 결사의 자유란 단체에 가입하지 않을 자유를 말해요. 모든 국민은 단체나 모임을 조직할 자유가 있는 동시에 그 모임에 가입하지 않을 자유도 있는 거예요. 따라서 본인의 의사와 상관없이 종중의 회원이 되는 것은 헌법이 보장하고 있는 소극적 결사의 자유를 침해하는 것이라고 볼 수 있어요.

3 | 판결을 바라보는 눈

대법원은 "공동 선조와 성과 본관이 같은 후손은 성별의 구별 없이 성년이 되면 그 구성원이 되어야 한다."고 판결하면서, 법적 안정성을 위해 이 판결이 소급(어떤 영향이나 효력을 지난날에까지 거슬러 올라가서 미치게 함.) 적용되지는 않는다고 명시했어요.

종중 회원의 가장 중요한 의무인 묘지 관리와 제사

　대법원이 여성도 종중의 구성원이라는 판결을 내린 가장 큰 이유는 전통적인 관습법이 현재의 법질서에 부합되지 않는다는 것이었어요.

　관습법이란 '사회의 거듭된 관행으로 생성된 사회의 생활 규범이 사회의 법적 확신과 인식에 의해 법적 규범으로 자리 잡은 것'을 말해요. 하지만 이런 관습법은 헌법을 최상위 규범으로 하는 전체 법질서에 반하지 않아야 정당성과 합리성이 인정될 수 있어요. 만약 관습법이 사회를 지배하는 기본적 이념이나 사회 질서의 변화로 전체 법질서에 부합하지 않게 되었다면 그런 관습법은 법적 규범으로 효력을 상실할 수밖에 없어요.

대법원은 전통은 고정된 것이 아니라 시대의 흐름에 따라 변화하는 것이라고 보았기 때문에 이런 판결을 내렸던 거예요.

사실 종중이 조상의 묘를 관리하고 제사를 지내는 친목의 목적만 있다면 법률적인 문제가 발생할 우려는 많지 않아요. 법률적인 문제가 발생하는 것은 종중의 재산 때문이에요. 종중의 재산은 대부분 부동산인데, 부동산 가격이 급격하게 상승하면서 여러 문제가 발생하게 된 거예요.

그런데 종중의 재산을 처분하는 것이 합당한지에 대해서도 의문을 제기하는 사람이 있어요. 종중의 재산은 조상의 묘를 관리하고 제사를 지내기 위해 필요한 것인데, 이런 종중의 재산을 모두 처분할 경우 묘를 관리하고 제사를 지내는 것이 어려울 수 있다는 이야기예요. 하지만 대법원은 이런 주장에 대해 종중 재산의 처분은 종중 총회가 결정할 사항이라고 판결했어요.

그렇다면 처분한 종중의 재산은 어떤 방식으로 분배해야 하는 것일까요? 분배 방식 또한 종중 총회의 결정에 따라야 할까요? 이에 대해 대법원은 종중 재산의 분배는 총회의 결정 내용이 현저하게 불공정한 경우가 아니라면 총회의 결정에 따라야 한다고 보았어요. 다만 단순히 성별로 분배금에 차등을 두는 총회의 결정은 무효라고 판결했어요.

대법원은 남녀가 동등하게 종중의 구성원이 될 수는 있지만 종중 재산의 분배에서는 차이를 두는 것을 인정했어요. 대법원은 단순히 성별로 분배금에 차등을 두어서는 안 된다고 했지만 현실적으로 여성들의 경우 종중의 참여도와 기여도가 남자들에 비해 낮기 때문에 불만이 있을 수도 있는 판결이었어요.

과거에서 이어져 내려온 것이라고 모두 전통은 아니며, 또 전통이라고 해서 모두 계승·발전시켜야 하는 것도 아니에요. 아무리 오랫동안 유지되어 온 전통이라 하더라도 그것이 현대 사회의 보편적인 가치와 대립한다면 후세에 물려주어야 할 전통이라고 볼 수 없어요.

종중은 우리나라에만 존재하는 독특한 전통이지만 그것이 현대의 보편적인 가치와 법질서에 맞지 않는 부분이 있었어요. 대법원의 판결은 바로 이 부분을 지적한 것이고, 종중도 시대의 흐름에 따라 변화해야 된다는 것을 확인시켜 준 판결이라고 할 수 있어요.

정리 노트

▶ 종중은 같은 조상을 둔 후손들이 조상의 산소를 보살피고 제사를 지내기 위해 자연스럽게 형성된 모임이다.

▶ 2005년 7월 21일, 대법원은 대법관 전원 일치 의견으로 "공동 선조와 성과 본관이 같은 후손은 성별의 구별 없이 성년이 되면 그 구성원이 되어야 한다."고 판결했다.

▶ 대법원은 종중은 사회적 관행으로 만들어진 관습법에 의해 운영되는데, 사회의 기본 이념과 사회 질서가 변하여 전체 법질서에 맞지 않게 된다면 그 관습법은 법적 규범으로서의 효력이 인정될 수 없다고 판단했다.

13

남자는 여자로, 여자는 남자로 바뀔 수 있는가?

① **소송 시기** : 2003년

② **소송 당사자** : A씨(1951년생 여자)

③ **판결 시기** : 2006년 6월 22일(대법원 2006년 6월 22일 선고, 2004스42 판결)

④ **판결** : 성전환자의 성별 정정 신청은 허가되어야 한다.

1 │ 소송 내용과 판결

이야기 읽기

◆ **A씨** : 저는 여자로 태어났지만 외모도 남자와 비슷하고, 남자의 기질을 갖고 있습니다. 남자로 살았으면 좋겠습니다.

◆ **B씨** : 그렇다고 당신이 남자가 될 수는 없습니다. 당신의 성염색체는 여자이고, 그것을 바꿀 수는 없기 때문입니다.

◆ **A씨** : 저는 오래전에 성전환 수술을 받아 완벽하게 남성의 모습을 갖추었습니다. 사랑하는 여자까지 만났는데, 더 이상은 여자로 살 수 없습니다. 저는 남자가 되어야 합니다.

◆**B씨** : 완벽하게 남성의 모습을 갖추었다고 해도 자연의 섭리를 거스를 수는 없습니다. 여자가 남자가 된다는 것은 말도 안 됩니다.

남자는 여자로, 여자는 남자로 바뀔 수 있을까? 여러분에게는 말도 안 되는 소리로 들릴 수도 있을 거예요. 남자와 여자는 태어날 때부터 자연스럽게 정해지는 것인데, 그것을 인위적으로 바꾼다는 것은 상상할 수도 없는 일이기 때문이지요.

간혹 남자가 여자 분장을 하여 여자처럼 보이는 경우는 있지만, 그렇다고 그 사람의 성이 바뀐다는 생각은 전혀 하지 않았을 거예요. 이처럼 인간의 성별은 오랫동안 변할 수 없는 진리처럼 여겨져 왔어요.

하지만 세월이 흐르면서 인간을 남성과 여성 두 부류로 보는 시각은 조금씩 바뀌기 시작했어요. 남성과 여성 어디에도 속할 수 없는 사람들이 존재한다는 것을 알았기 때문이에요. 남성도 아니고 여성도 아닌 인간이 존재할 수 있는지 의문을 품겠지만 실제 우리 주위에는 그런 인간이 존재하고 있어요. 생물학적으로는 남성 혹은 여성의 모습이지만 생물학적인 성과는 다른 모습을 보이는 사람들이 있다는 이야기예요.

인간의 성을 결정하는 것은 성염색체인데, 이는 수정할 때 결정된다고 해요. 남성의 정자와 여성의 난자가 수정되어 만들어진 태아는 성별에 따라 각기 다른 성염색체를 가지고 있어요. 유전적으로 인간은 46개의 염색체를 가지고 있는데, 이 중에서 2개가 성염색체예요. 2개의 성염색체가 XX이면 여자이고, XY이면 남자가 되는 거예요. 2개의 성염색체에 의해 남

자가 되고, 여자가 된다는 것은 아주 오랫동안 상식처럼 통용되어 왔어요.

하지만 의학이 발달하면서 이런 인간의 상식은 바뀔 수밖에 없었어요. 세포 분열 과정에서 성염색체가 비정상적으로 분화할 수 있다는 사실이 밝혀졌기 때문이에요. 예를 들어 X 염색체를 하나만 가지고 있는 남자도 있고, XX 염색체를 가지고 있는데도 여자가 아니라 남자인 경우도 있고, 또 XY 염색체를 가지고 있는데도 남자가 아니라 여자인 경우도 있고, XXY 염색체를 가진 남자도 발견되었어요.

이뿐만이 아니었어요. 신체 기관에도 특별한 경우가 나타났어요. 보통 태아는 수정 후 얼마 정도 지나면 남자 혹은 여자의 성징이 나타난다고 해요. 그런데 남자와 여자의 성 기관을 함께 갖고 있는 경우도 있고, 각 성의 일부분만 갖춘 경우도 나타났어요. 지금은 의학이 발달해서 이런 경우에는 가족과 상의하여 한쪽 성으로 교정 수술을 할 수 있다고 해요.

아무튼 성염색체의 비정상적인 분화와 신체 기관의 이상은 그동안 남성과 여성이라는 이분법적 성 분류에 혼란을 가져왔고, 어느 한쪽에 포함되지 않는 성이 존재한다는 인식을 갖게 했어요.

흔히 우리는 남자는 남자다워야 하고, 여자는 여자다워야 한다는 말을 많이 들어 보았을 거예요. 그런데 남자로 태어났지만 여성적으로 행동한다거나 여성으로 살기를 원하는 사람도 있고, 여자로 태어났지만 남성적으로 행동하고 남성으로 살았으면 하는 사람도 있어요. 이런 경우 주위 사람들은 그 사람의 성을 어떻게 보고, 인식하느냐의 문제가 발생할 수 있어요. 우리는 이런 경우를 생물학적인 성에 대응하여 '사회적 성(Gender)'이라고 불러요.

과거에는 성염색체 XY를 갖고 있으면 남성, XX를 갖고 있으면 여성이라고 생각하여 성별은 출생과 더불어 결정되고 불변하는 것이라는 성염색체설이 지배적이었어요. 그러나 최근 의학과 유전학의 발달로 성별 결정은 성염색체와 신체 외관은 물론 심리적 및 정신적 성, 사회생활에서 수행하는 주관적·개인적 성 역할 등을 종합적으로 고려하여 판단해야 한다는 사회통념설이 지배적인 학설이 되었어요.

생물학적 성과 사회적 성이 일치하면 아무런 문제가 없지만 그것이 서로 다른 경우에는 여러 가지 문제가 발생할 수 있는데, 그동안 의학계에서는 이런 사람들에 대해 정신 질환이 있는 것으로 진단해 왔어요. 의학계에서는 생물학적인 성과 반대되는 성으로 살고자 하는 열망이 있을 때 성 정체

성 장애가 있다고 판단하여 '성전환증'으로 분류했어요.

그동안 성전환증인 사람은 수없이 많았지만 성전환을 하기는 쉽지가 않았어요. 그런데 외과 수술과 호르몬 요법이 발전하면서 성전환증인 남녀 수천 명이 영구적으로 성전환을 했어요.

성전환을 통하여 남성은 여성으로, 여성은 남성으로 완벽하게 모든 것을 바꿀 수 있었어요. 누가 보기에도 그들은 남성이고, 여성이었어요. 하지만 그들이 바꾸지 못한 것이 한 가지 있었어요. 그건 바로 법적인 성별이었어요. 그것 때문에 그들의 삶은 그다지 행복하지 않았어요. 여러 가지 사회적 편견과 차별을 당했기 때문이에요.

성전환을 한 사람들은 병원, 은행 등에서 주민등록증을 요구받을 때마다 성별이 다르다는 이유로 따가운 시선을 받아야 했고, 심적으로도 많은 고통을 당해야 했어요. 이런 상황 때문에 그들은 법적으로 성별을 고칠 필요를 절실하게 느꼈고, 법원에 성별 정정을 요구하기에 이르렀어요.

성전환자의 성별 정정 요구는 1980년대 후반부터 꾸준히 제기되었어요. 하지만 법원은 뚜렷한 기준이나 판례 없이 상황에 따라 다르게 판결하는 경우가 많았어요. 간혹 성전환자의 성별 정정 요구를 허락하는 판결도 있었지만 대부분 불허하는 경우가 많았어요.

2003년, 당시 50대 초반의 여성이었던 A씨는 법원에 호적(현재의 가족관계 등록부)상의 성별을 남성으로 정정해 줄 것을 신청했어요. 1남 1녀 중 장녀로 태어난 A씨는 가정 형편이 어려워 초등학교만 졸업하고 집안일을 도왔는데, 어려서부터 남성적 외모와 기질을 타고나서 항상 남자 옷만 입고 생활했고, 성년이 된 후에도 공사판에서 일하는 등 남성적인 모습으로 살아

왔어요.

A씨는 40세가 지나서야 성전환 수술을 받았고, 계속 남성 호르몬을 맞아서 외모상으로도 남성의 모습과 전혀 차이가 없었어요. 이후 A씨는 한 여성을 만나 함께 살게 되었어요. 항상 성실하게 살았던 A씨였지만 취업을할 때는 주민등록등본 때문에 많은 어려움을 겪었어요. 실제 모습과 주민등록등본상의 성별이 달랐기 때문이에요. 이에 A씨는 법원에 성별을 정정해 줄 것을 신청했어요.

하지만 1심 법원과 2심 법원은 A씨가 성전환 수술을 하여 여성의 외형적특징을 잃었다고 하더라도 생물학적으로는 여전히 여성이기 때문에 성별정정 요구를 받아들일 수 없다고 판결했어요.

이에 A씨는 대법원에 상고했고, 대법원은 A씨의 사건에 대해 공개 변론을 열어 성전환자의 성별 정정 요구에 대해 전문가의 의견을 들어 보기로결정했어요.

2006년 6월 22일, 대법원은 A씨가 신청한 성별 정정 요구에 대해 성별정정 요구를 허락해야 한다고 판결했어요.(다수 의견 8명, 반대 의견 2명)

대법원이 성별 정정 요구를 허락해야 된다고 판결한 것은 예전에는 성의결정이 생물학적 요소에 따라 결정되었지만 근래에 와서는 정신적·사회적 요소를 종합적으로 고려해서 결정해야 한다고 보았기 때문이에요. 대법원은 성을 결정할 때에는 개인이 스스로 인식하는 남성 또는 여성으로서의 귀속감도 고려해야 하고, 사회적으로 승인된 행동, 태도, 성격적 특징등의 성 역할을 수행하는 측면도 고려해야 한다고 본 거예요.

대법원은 성전환자들이 개인적인 영역이나 사회적인 영역에서 바뀐 성으로 인식되고, 그것이 사회에 부정적인 영향을 주지 않는다면 법률적으로도 성을 바꾸어 주는 것이 타당하다고 보았어요.

대법원 판결의 요지는 성전환자들이 다른 사람들과 다르다는 이유만으로 법적·제도적 불이익을 받지 않아야 하며, 인간으로서의 존엄과 가치를 가지고 행복을 추구할 권리와 인간다운 생활을 할 권리가 있다는 것이었어요.

2 | 판결에 대한 다른 생각

대법원은 A씨가 성전환 수술을 받아 남성으로 살아가고 있기 때문에 호적에 기재된 성으로는 현재의 신분 관계를 알 수 없고, 그런 까닭에 사회적으로 평가되는 성이 호적에 반영되어야 한다고 보았어요. 대법원은 이런 판단의 근거로 「호적법」 제120조를 예로 들었어요.

「호적법」 제120조에는 '호적의 기재가 법률상 허용될 수 없는 것 또는 그 기재에 착오나 유루(빠지거나 새어 나감.)가 있다고 인정한 때에는 이해관계인은 그 호적이 있는 지를 관할하는 가정법원의 허가를 얻어 호적의 정정을 신청할 수 있다.'고 규정하고 있어요.(「호적법」은 2005년 헌법 불합치 결정을 받아 2008년부터는 「가족관계의 등록 등에 관한 법률」로 대체됨.)

대법원은 「호적법」 제120조에서 호적 정정 절차를 둔 근본 취지가 성전환자의 전환된 성과 호적의 성을 일치시킴으로써 진정한 신분 관계를 알게 하는 거라고 보았어요.

그런데 대법원이 「호적법」 제120조를 잘못 해석했다는 주장도 있어요. 「호적법」 제120조의 호적 정정 규정은 착오나 출생 신고 당시 성별을 잘못 기재한 것에 한해서 호적을 정정할 수 있도록 한 규정인데, A씨는 출생 신고 당시 호적 기재가 적법했기 때문에 호적 정정 요건에 해당되지 않는다는 이야기예요.

대법원은 호적 정정을 간소한 절차에 의해 허용해야 한다는 입장을 취했지만, 이에 대해서도 다른 주장이 제기되었어요. 성별을 바꾸는 것은 새로운 신분 관계가 형성되는 것이고, 그에 따라 법률적으로도 여러 가지(병역법, 민법, 형법 등)가 변동되기 때문에 단순히 호적상의 성별만 정정해 주는 것으로는 근본적인 문제를 해결할 수 없다는 이야기예요. 호적 정정 문제는 간소한 절차에 따라 해결할 것이 아니라 구체적 입법을 통하여 해결해야 한다고 본 거예요.

아직까지 많은 사람들은 성전환에 대해서 불편한 시선을 갖고 있어요. 사람의 성은 태어날 때부터 자연스럽게 정해지는 것이고, 그것을 인위적으로 바꾼다는 것은 윤리적·종교적으로 맞지 않고, 자연의 섭리에 반하는 행동이라고 보기 때문이지요.

성전환자의 성을 정정해 주면 다른 문제도 야기될 수 있어요. 우선 성전환자의 자녀나 가족이 심각한 혼란을 겪을 수 있어요. 어느 날 갑자기 아버지가 어머니가 되고, 어머니가 아버지가 되고, 형이 누나가 되고, 누나가 형이 되는 상황을 맞게 된다면 심각한 혼란에 빠져 제대로 된 생활을 할 수 없을 거예요.

또한 우리 사회에서 매우 예민하게 다루고 있는 병역 의무에서도 여러 가지 문제가 발생할 수 있어요. 남성에서 여성으로 성전환한 사람의 경우에는 병역 면제 대상이 되고, 반대로 여성에서 남성으로 성전환한 사람은 병역 의무 대상이 되기 때문에 혼란스러울 수밖에 없어요. 심지어 의도적으로 병역을 면제받기 위해 성전환을 하는 경우도 생길 수 있어요. 이는 개인의 권리를 위해 사회 공동체의 안정에 혼란을 초래하는 것이기 때문에 호적 정정을 허가하는 것은 옳지 못한 판단이라고 보는 거예요.

3 | 판결을 바라보는 눈

성전환자들은 2006년 대법원이 성별 정정 요구를 허락하는 판결을 내리기 전까지 많은 고통과 혼란을 겪었어요. 대법원 판결이 있기 전에는 법원마다 판결이 일정하지 않았기 때문이에요.

대법원이 성별 정정 요구를 허락하는 판결을 내렸다고 해서 모든 경우에 성별 정정을 허락하라는 의미는 아니었어요. 대법원은 성전환자의 성별 정정에 관한 입법이 되지 않은 상황에서는 법원이 개별 사안에 대한 심리를 거쳐 성별 정정을 허용할 수밖에 없다고 판단하여 '성전환자의 성별 정정 허가 신청 사건 등 사무 처리 지침'을 만들었어요. 이 지침은 성별 정정을 허가하는 데 필요한 기준을 정한 거예요.

법원은 성별 정정 요구가 있을 때마다 대법원에서 마련한 지침을 참고하여 성별 정정 요구를 허가할지 말지를 결정하게 되었어요.

대법원에서 마련한 지침은 다음과 같아요.

첫째, 신청인이 대한민국 국적자로서 만 20세 이상의 행위 능력자이고, 혼인한 사실이 없으며, 자녀가 없음이 인정되어야 한다.

둘째, 신청인이 성전환증으로 인하여 성장기부터 지속적으로 선천적인 생물학적 성과 자기의식의 불일치로 인하여 고통을 받고, 오히려 반대의 성에 대하여 귀속감을 느껴 온 사정이 인정되어야 한다.

셋째, 신청인에게 상당 기간 정신과적 치료나 호르몬 요법에 의한 치료 등을 실시하였으나 신청인이 여전히 수술적 처치를 희망하여, 자격 있는 의사의 판단과 책임 아래 성전환 수술을 받아 외부 성기를 포함한 신체 외관이 반대의 성으로 바뀌었음이 인정되어야 한다.

넷째, 성전환 수술의 결과 신청인이 현재 반대의 성으로서의 삶을 성공적으로 영위하고 있으며, 생식 능력을 상실하였고, 향후 종전의 성으로 다시 전환할 개연성이 없거나 극히 희박하다고 인정되어야 한다.

다섯째, 남자에서 여성으로의 성전환인 경우에는 신청인이 「병역법」 제3조에 따른 병역 의무를 이행하였거나 면제받았어야 한다.

여섯째, 신청인에게 범죄 또는 탈법 행위에 이용할 의도나 목적으로 성별 정정 허가 신청을 하였다는 등의 특별한 사정이 없다고 인정되어야 한다.

일곱째, 그 밖의 신청인의 성별 정정이 신청인의 신분 관계에 중대한 영향을 미치거나 사회에 부정적인 영향을 주지 아니하여 사회적으로 허용된다고 인정되어야 한다.

2008년 국가인권위원회는 대법원에서 마련한 지침에 대해 인권 침해 요소가 있다면서 개정해 줄 것을 권고했어요. 국가인권위원회는 성기 재건 수술의 강요와 반대 성으로서의 성공적인 삶을 요구하는 것이 지나치게 엄격하거나 추상적이라며 인권 침해의 소지가 있다고 보았고, 첫째 조항과 다섯째·여섯째·일곱째 조항도 인권 침해의 소지가 있다고 판단했어요.

국가인권위원회의 권고에 대법원은 2009년 1월 지침을 개정했는데, 넷째 조항에서 성공적인 삶 조건을 삭제했고, 다섯째·일곱째 조항의 요건도 삭제했어요. 하지만 첫째 조항에 대해서는 우리나라의 신분 질서와 양립하기 어려운 권고 사항이라고 판단하여 그대로 두었어요.('사무 처리 지침'은 이후에도 몇 번의 개정을 거쳐 불필요한 표현은 정비하고, 오해의 소지가 있는 내용은 수정, 삭제했음. '만 20세 이상의 행위 능력자'도 '19세 이상의 행위 능력자'로 수정함.)

외국의 사례를 보면, 스웨덴은 이미 1972년에 세계 최초로 「성별의 확정에 관한 법률」을 제정하여 성전환자의 성별 정정을 제도적으로 허용하고 있어요. 독일과 이탈리아, 네덜란드, 터키, 핀란드, 영국 등이 성전환법을 의결했고, 2002년 유럽인권재판소에서는 만장일치로 성별 변경을 허용했어요. 미국은 각 주별로 다른 입법이 있고, 일본은 2004년 특례법을 만들어 성별 정정을 허용하고 있어요.

오랫동안 성전환자들은 극심한 편견과 차별 속에서 살아왔어요. 아직까지 우리 사회에서 성전환자들에 대한 인식은 여전히 너그럽지 않지만 이들이 생활 속에서 겪는 어려움은 대법원의 판결로 인해 조금이나마 해소되었다고 볼 수 있어요. 그렇다고 성전환자들의 인권과 행복 추구권이 완전히 보장되었다고는 볼 수 없어요. 성전환자들에 대한 관련 법안이 만들어지기 전까지는 많은 부분에서 어려움을 겪을 수밖에 없어요.

성전환자의 성별 정정 문제는 헌법이나 법률이 만들어질 당시에는 전혀 예상하지 못했어요. 사회에 예상하지 못한 문제가 발생했을 때는 새로운 법률을 만들어 해결하는 것이 가장 합리적인 방법이에요. 그렇게 할 때 모두가 행복한 사회가 될 수 있기 때문이지요.

정리 노트

▶ 유전적으로 인간은 46개의 염색체를 가지고 있는데, 이 중에서 2개가 성염색체이며, 2개의 성염색체가 XX이면 여자이고, XY이면 남자라는 사실은 아주 오랫동안 상식처럼 통용되어 왔지만 세포 분열 과정에서 성염색체가 비정상적으로 분화할 수 있다는 사실이 밝혀지면서 이런 상식은 바뀌게 되었다.

▶ 의학과 유전학의 발달로 성별 결정은 성염색체와 신체 외관은 물론 심리적 및 정신적 성, 사회생활에서 수행하는 주관적·개인적 성 역할 등을 종합적으로 고려하여 판단해야 한다는 사회통념설이 지배적인 학설이 되었다.

▶ 대법원이 성별 정정 요구를 허락해야 된다고 판결한 것은 예전에는 성의 결정이 생물학적 요소에 따라 결정되었지만 근래에 와서는 정신적·사회적 요소를 종합적으로 고려해서 결정해야 한다고 보았기 때문이다.

14

출퇴근 중 교통사고는 업무상 재해인가?

① **소송 시기** : 2002년

② **소송 당사자** : A씨(출근 중 교통사고 사망자)의 부인

③ **판결 시기** : 2007년 9월 28일(대법원 2007년 9월 28일 선고, 2005두12572 판결)

④ **판결** : 출퇴근 중 교통사고는 업무상 재해로 볼 수 없다.

1 | 소송 내용과 판결

이야기 읽기

A씨는 자신의 자동차를 이용하여 출근하던 중 교통사고를 당했다. 사고 직후 A씨는 병원으로 옮겨졌으나 곧 사망했다.

◆**A씨의 부인** : 남편은 출근하다가 교통사고를 당했습니다. 남편의 사고는 업무상 재해로 볼 수 있나요?

◆**근로복지공단** : 출근하다가 사고를 당했기 때문에 업무상 재해에 해당되지 않습니다.

◆ **A씨의 부인** : 회사가 없었다면 남편의 출근도 없었어요. 출근은 회사가 있었기 때문에 하는 것이고, 업무의 시작이라고 볼 수 있지 않나요?

◆ **근로복지공단** : 회사 업무 중에 일어난 사고만 업무상 재해에 해당됩니다. 출퇴근은 업무라고 볼 수 없습니다.

◆ **A씨의 부인** : 그렇다면 출퇴근 중 교통사고가 업무상 재해인지 아닌지 법원의 판단을 들어 봐야겠습니다.

우리는 살아가면서 여러 가지 사고나 재난을 당하는 경우가 많아요. 지금은 예전보다 사회 보장 제도가 잘되어 있어서 뜻밖의 사고가 나더라도 큰 어려움 없이 치료할 수 있지만, 그래도 사고가 나면 제일 먼저 걱정되는 것은 치료 비용이에요.

사회 보장 제도는 '질병, 재해, 실직 등의 어려움에 처한 사회 구성원들의 생활을 국가가 공공 지원을 통하여 해결해 주는 제도'를 말해요. 사회 보장 제도 중 대표적인 것이 사회 보험이에요. 사회 보험은 산업 재해, 실업, 질병 등으로 인하여 소득이 상실되었을 때를 대비하여 국가적으로 보장하고 있는 보험으로서 산업재해보상보험, 국민연금, 고용 보험, 의료보험 제도가 있어요. 사회 보험은 개인이 자유의사로 가입하는 사적 보험과 달리 강제적인 성격을 띠는 보험이에요. 선진국일수록 이런 사회 보험이 잘 이루어져 있어요.

하지만 국가 차원의 사회 보험이 잘 이루어져 있더라도 그것이 완벽하지는 않기 때문에 개인적으로 사적 보험에 가입하는 사람도 많아요. 만약의

사고에 대비해 조금 더 준비를 해 두자는 의미에서 사적 보험에 가입하는 거예요.

한 집안의 가장이 뜻밖의 사고를 당했을 때는 아무리 사회 보험이 잘되어 있어도 그 가족은 어려운 상황에 처할 수밖에 없어요. 사회 보험은 어디까지나 일정 부분, 일정 기간의 생활비 등을 보조하는 역할이지, 그 가족의 모든 생활을 평생 책임져 주지는 않기 때문이에요.

사회 보험 중에 '산업재해보상보험'이라는 것이 있어요. 이 보험은 근로자가 노동 과정에서 업무상의 일로 피해를 입었을 때 신속하고 공정하게 보상해 주기 위해 만든 보험이에요. 근로자에게는 업무상 재해에 대한 신속한 보상으로 근로자와 그 가족의 생활을 보장하는 역할을 하고, 사업주에게는 산재(산업 재해)로 인한 예기치 못한 경제적 부담을 분산, 경감해 주는 역할을 하는 보험이에요. 이 보험은 국가가 사업주로부터 일정 금액의 보험료를 거두어 관리하고 있다가, 피해를 입은 근로자가 생기면 보상하는 구조로 되어 있어요. 따라서 사업주는 의무적으로 가입해야 하는 보험이에요.

어떤 사람이 출근 중 교통사고를 당해서 사망했다면, 이 경우에 업무상 재해로 인정받을 수 있을까요? 업무상 재해가 인정되면 그 사람은 산업재해보상보험을 받을 수 있지만 업무상 재해로 인정받지 못하면 그 보험을 받을 수가 없어요.

2002년 3월 9일 오전 8시경, 경기도 여주군에 사는 A씨는 승용차를 이용하여 회사에 출근하다가 교통사고를 당했고, 병원으로 옮겨졌으나 곧 사망했어요. A씨의 부인은 남편이 출근 도중 교통사고를 당해 사망했기 때

문에 업무상 재해에 해당된다고 생각했어요. 이에 부인은 산업재해보상보험을 받기 위해 근로복지공단에 유족 급여 및 장의비 지급을 신청했어요. 하지만 근로복지공단은 출근 중 교통사고는 업무상 재해가 아니라고 판단하여 유족 급여 및 장의비 지급을 거부했어요.

A씨의 부인은 유족 급여 및 장의비 지급 신청을 거절당하자 근로복지공단을 상대로 소송을 제기했어요. 2004년 11월 10일, 서울행정법원은 출근 도중에 당한 교통사고는 업무상 재해가 아니라고 판단하여 원고(A씨의 부인) 패소 판결을 내렸어요. 원고는 곧바로 항소했고, 항소심을 맡은 서울고등법원은 2005년 9월 2일, 1심과 마찬가지로 원고 패소 판결을 내렸어요. 1심과 2심 모두 패소 판결을 받았지만 원고는 대법원에 상고했어요. 2007년 9월 28일, 대법원도 출근 중 교통사고는 업무상 재해가 아니라고 판단하여 원고의 상고를 기각했어요.(다수 의견 7명, 반대 의견 5명)

「산업재해보상보험법」(산재법) 제4조 제1호에는 업무상 재해에 대해 '업무상의 사유에 의한 근로자의 부상·질병·신체장애 또는 사망을 말한다.' 고 규정하고 있어요. 대법원은 여기에서 한 걸음 더 들어가 업무상 재해는 '근로자와 사업주가 근로 계약을 체결한 후, 사업주의 지배·관리하에서 업무 수행 중 발생한 재해'라고 해석했어요.

대법원은 근로자의 출퇴근이 업무와 밀접하게 관련되어 있다고 하더라도 일반적으로 출퇴근 방법과 경로의 선택이 자유로워 사업주의 지배·관리하에 있지 않다고 보았어요. 또 「산업재해보상보험법」에서도 출퇴근 중에 발생한 사고를 업무상 재해로 인정한다는 특별한 규정을 따로 두고 있지 않기 때문에 업무상 재해로 볼 수 없다고 판단했어요.

대법원은 출퇴근 중 교통사고를 업무상 재해로 인정받는 문제는 국가의 재정 능력, 국민 전체의 소득과 생활 수준, 사회 정책적 요소 등을 고려하여 입법을 통해 해결해야 할 사항이라고 판단했어요. 이 같은 판단은 국가의 재정이 탄탄하고, 관련된 입법이 되면 출퇴근 중 교통사고도 업무상 재해가 될 수 있다는 것을 암시했어요.

2 | 판결에 대한 다른 생각

출퇴근 중 교통사고는 업무상 재해가 될 수 없다는 것이 대법원의 판단이었지만 이에 대한 반대 의견도 만만치 않았어요. 이들은 「산업재해보상보험법」 제4조 제1호에는 업무상 재해에 대해 '업무상의 사유에 의한 근로자의 부상·질병·신체장애 또는 사망을 말한다.'고 규정하고 있을 뿐, 어떤 경우가 업무상 재해에 해당하는지 구체적으로 규정해 두지 않았다고 주장했어요. 즉 구체적으로 업무상 재해를 규정하지 않았기 때문에 해석하기에 따라 다르게 결정할 수도 있다고 본 거예요.

근로자의 출퇴근 행위는 근로를 제공하기 위해서는 반드시 거쳐야 하는 필수적인 과정이고, 출퇴근 시간은 근로자가 자유롭게 정하는 것이 아니라 사업주가 결정하기 때문에 사업주의 지배·관리하에 있다고 해석할 수 있어요. 이렇게 해석하면 근로자의 출퇴근은 당연히 업무상 재해로 볼 수 있는 거예요.

대법원은 사업주가 제공한 교통수단을 이용했을 경우에는 업무상 재해로 볼 수 있다고 판단했는데, 이것 또한 조금 문제가 있는 판단이에요. 왜냐하면 사업주가 제공한 교통수단은 업무상 재해가 되고, 대중교통이나 승용차를 이용했을 때는 업무상 재해가 아니라는 것은 그 자체가 이미 불공평하고, 이는 사업주와 근로자 모두에게 불공평하기 때문이에요.

사업주가 교통수단(통근 버스 등)을 제공한다는 것은 이미 상당한 재정적

부담을 안는 것인데, 업무상 재해까지 부담하게 되면 이는 이중 부담이 되므로 매우 불공평하다고 볼 수 있어요.

근로자에게 불공평하다고 보는 것은 이런 생각 때문이에요. 교통수단을 제공하는 회사는 대부분 대기업이에요. 영세한 기업은 교통수단을 제공할 능력이 없어요. 그렇다면 누가 더 보호를 받아야 할 근로자인가요? 영세한 기업의 근로자가 당연히 더 보호를 받아야 하지만 대법원의 판단대로라면 업무상 재해로 인정받을 수 없어요. 대기업 근로자는 업무상 재해가 되고, 영세 기업 근로자는 업무상 재해가 되지 않는다면 이보다 더 불공평한 경우는 없을 거예요.

현재 공무원과 사립 학교 교원, 군인 등은 관련 규정에 따라 출퇴근 중 사고를 당했을 경우 업무상 재해로 인정받고 있어요. 그렇다면 일반 근로자도 당연히 출퇴근 중 사고를 당했을 경우 업무상 재해가 되어야 해요. 출퇴근 중 사고를 당한 사람이 공무원인지, 군인인지, 사립 학교 교원인지, 일반 기업의 근로자인지에 따라 업무상 재해가 되기도 하고 안 되기도 하는 것은 평등의 원칙에 어긋나기 때문이에요.

출퇴근 중 교통사고에 대해 업무상 재해가 되는지, 그렇지 않은지에 대한 논의는 대법원 내에서도 치열한 논쟁이 벌어졌지만 결국 다수 의견으로 업무상 재해가 아니라는 판결이 내려졌어요.

한 가지 다행스러운 점은 국가 재정이 확보되고 관련 입법이 되면 근로자의 출퇴근 중 교통사고도 업무상 재해가 될 수 있다는 대법원의 판단이었어요.

3 | 판결을 바라보는 눈

국회와 행정부는 대법원 판결 후 「산업재해보상보험법」을 개정했어요. 이 개정안에 의해 출퇴근 재해에 관한 규정이 새롭게 만들어졌어요. 개정안은 업무상 재해에 대해 '사업주가 제공한 교통수단이나 그에 준하는 교통수단을 이용하는 등 사업주의 지배·관리하에서 출퇴근 중 발생한 사고'로 규정하고 있어요. 개정안에서도 대중교통이나 승용차로 출퇴근하는 경우는 여전히 업무상 재해로 인정하지 않았어요. 대법원 판결은 긍정적인 여지를 열어 놓았지만 국회와 행정부는 오히려 종전의 입장을 고수하는 결정을 내리고 말았어요.

이후 국회에서 출퇴근 중 교통사고를 업무상 재해로 인정해야 된다는 내용의 「산업재해보상보험법」 개정안이 몇 차례 발의되었지만 국회를 통과하지는 못했어요.

그러던 중 갑자기 상황이 반전되는 사건이 일어났어요. 2016년 10월, 헌법재판소가 출퇴근 중 교통사고를 업무상 재해로 인정하지 않는 「산업재해보상보험법」에 대해 헌법 불합치 결정을 내린 거예요. 헌법재판소는 통근 버스를 이용하는 근로자는 혜택을 받고, 자가용이나 대중교통을 이용하는 근로자는 혜택을 받지 못하는 것은 헌법이 보장한 평등 원칙에 위반된다며 헌법 불합치 결정을 내렸어요. 헌법재판소는 즉시 위헌 결정을 내릴 경우 상당한 법적 공백이나 사회 혼란이 올 수 있기 때문에 2017년 12월 31일까지 관련 규정을 개정하라고 명령했어요. 이에 국회는 「산업재해보상보험법」을 개정했고, 개정된 법은 2018년 1월 1일부터 시행되었어요.

출퇴근재해의 두 가지 규정	
사업주의 지배·관리하의 출퇴근 재해	사업주가 제공하는 통근 버스 등
통상의 출퇴근 재해	자가용, 대중교통, 자전거, 도보, 배, 비행기 등

개정된 「산업재해보상보험법」의 출퇴근 재해(2018년부터 시행)

개정된 「산업재해보상보험법」에서는 '출퇴근'에 대해 '취업과 관련하여 주거와 취업 장소 사이의 이동 또는 한 취업 장소에서 다른 취업 장소로의 이동'이라고 정의했어요. 이렇게 '이동'이라는 단어를 명시한 이유는 출퇴근 이동 과정에서 발생한 재해는 출퇴근 재해에 해당되지만, 경로상에 있는 특정 장소에서 머무는 동안 발생하는 재해는 출퇴근 재해에 해당되지 않기 때문이에요.

또 개정된 「산업재해보상보험법」에서는 출퇴근 재해에 대해 '사업주가 제공한 교통수단이나 그에 준하는 교통수단을 이용하는 등 사업주의 지배·관리하에서 출퇴근 중 발생한 사고나 그 밖에 통상적인 경로와 방법으로 출퇴근 중 발생한 사고'로 규정하고 있어요.

개정된 「산업재해보상보험법」에서는 출퇴근 재해에 대해 두 가지 규정을 만들어 놓았어요. 한 가지는 '사업주 지배·관리하의 출퇴근 재해'이고, 다른 하나는 '통상의 출퇴근 재해'예요. 만약 사업주 지배·관리하의 출퇴근 재해에 해당되지 않으면 모두 통상의 출퇴근 재해에 해당된다고 볼 수 있어요.

통상의 출퇴근 재해는 출퇴근할 때 통상적인 경로와 방법을 이용한다면 자가용, 대중교통, 배, 비행기 등은 물론 자전거나 도보로 이동할 때도 모두 재해로 인정돼요. 통상적인 경로와 방법이란 일반인이라면 사회 통념상 이용할 수 있는 경로와 사회 통념상 인정되는 합리적인 방법의 교통수단을 말해요.

만약 통상적인 경로를 이탈하거나 중단했다면 출퇴근 재해로 인정받기는 어려워요. 경로를 이탈하거나 중단했다는 것은 출퇴근 목적과 관계없이 개인적인 행위가 들어갔다고 보기 때문이에요. 출퇴근 경로의 이탈이나 중단은 주로 퇴근길에 자주 발생할 수 있어요. 예를 들어 퇴근하면서 사적인 모임에 참석하려고 가는 도중에 일어난 사고에 대해서는 출퇴근 재해로 인정받기 어려워요.

산업재해보상보험은 근로자의 과실이 있어도 보상하는 것이 원칙이지만 단순한 과실을 넘어 자해 행위나 범죄 행위로 재해가 발생하면 업무상 재해로 인정받기 어려워요. 출퇴근 재해도 마찬가지예요. 예를 들어 음주운전, 무면허 운전, 중앙선 침범과 같은 범죄 행위로 인해 교통사고가 발생했다면 출퇴근 재해로 인정받기 어려워요.

출퇴근 중 교통사고는 오랫동안 업무상 재해로 인정받지 못하다가 헌법재판소의 헌법 불합치 결정을 받으면서 업무상 재해로 인정받을 수 있었어요. 상식적으로 생각해 보더라도 출퇴근은 업무의 연장선상에 있다고 볼 수 있는데, 이런 당연한 생각을 오랫동안 우리 사회는 인정하지 않고 있었던 거예요.

출퇴근 재해의 업무상 재해 인정은 인간다운 생활을 실현하기 위한 사회적 기본권에 속한다고 볼 수 있어요. 그동안 우리 사회는 국가 재정을 고려해야 한다는 이유로 오랫동안 사회적 기본권을 인정하지 않았어요. 하지만 헌법과 법률은 국가 재정을 고려하는 방향으로 해석해서도 안 되고, 국가 재정에 구속되어서는 더더욱 안 되는 일이에요. 만약 법률적 판단이 국가 재정을 고려해서 내려진다면 올바른 법률적 판단은 이루어질 수 없고, 결국 국민의 기본권은 침해될 수밖에 없어요. 모든 법률적 판단은 헌법과 법률 정신에 의해 내려질 때 정당화될 수 있지 않을까요?

정리 노트

▶ 사회 보장 제도는 질병, 재해, 실직 등의 어려움에 처한 사회 구성원들의 생활을 국가가 공공 지원을 통하여 해결해 주는 제도이다.

▶ 산업재해보상보험은 근로자가 노동 과정에서 업무상의 일로 피해를 입었을 때 신속하고 공정하게 보상해 주기 위해 만든 보험이다.

▶ 2016년 10월, 헌법재판소는 출퇴근 중 교통사고를 업무상 재해로 인정하지 않는 「산업재해보상보험법」에 대해 헌법 불합치 결정을 내렸다. 헌법재판소는 통근 버스를 이용하는 근로자는 혜택을 받고, 자가용이나 대중교통을 이용하는 근로자는 혜택을 받지 못하는 것은 헌법이 보장한 평등 원칙에 위반된다고 판단했다.

▶ 현재 「산업재해보상보험법」에서는 출퇴근 재해에 대해 '사업주가 제공한 교통수단이나 그에 준하는 교통수단을 이용하는 등 사업주의 지배·관리하에서 출퇴근 중 발생한 사고나 그 밖에 통상적인 경로와 방법으로 출퇴근 중 발생한 사고'로 규정하고 있다. 만약 사업주 지배·관리하의 출퇴근 재해에 해당되지 않으면 모두 통상의 출퇴근 재해에 해당된다고 볼 수 있다.

15

진실을 말해도
명예훼손죄가 성립되는가?

① **소송 시기** : 2005년

② **소송 당사자** : 포털 사이트에 의해 명예훼손을 당했다고 주장하는 원고
  A씨

③ **판결 시기** : 2009년 4월 16일(대법원 2009년 4월 16일 선고, 2008다53812 판결)

④ **판결** : 포털 사이트는 A씨의 명예를 훼손한 점이 인정되기 때문에 손해
  배상을 해야 한다.

1 | 소송 내용과 판결

이야기 읽기

인터넷 게시판에 딸이 남자친구(A씨) 때문에 억울하게 목숨을 끊었다는
글이 올라왔다. 딸은 남자친구와 사귀면서 임신을 했고, 이 사실을 안 남
자친구는 헤어질 것을 요구했다. 그러자 딸의 어머니는 남자친구의 뺨을
때렸고, 남자친구는 딸의 어머니를 고소했다. 딸이 고소를 취하해 달라고
부탁했지만 남자친구는 거절했고, 결국 딸은 충격과 슬픔을 견디지 못해

스스로 목숨을 끊었다. 인터넷 게시판에는 남자친구의 실명이 공개되었고, 그를 비난하는 글이 올라왔다.

◆ **남자친구 A씨** : 게시판의 글은 저의 명예를 심각하게 훼손하고 있습니다. 당장 삭제해야 합니다.

◆ **포털 사이트** : 카페나 블로그 등은 네티즌이 자발적으로 개설해 활동하는 영역이기 때문에 포털 사이트가 관여할 수는 없습니다.

◆ **남자친구 A씨** : 아무리 개인이 운영하는 카페나 블로그라 하더라도 상대의 명예를 훼손하는 글이 올라왔을 때는 포털 사이트에 삭제 의무가 있으며, 그에 따른 피해가 발생했을 경우에는 책임을 져야 합니다.

'진실을 말해도 죄가 되는가?'

이 물음에 대한 답은 '그렇다.'예요. 진실을 이야기하는데 어떻게 죄가 되는지 이해가 되지 않는 친구들도 있을 거예요. 하지만 현재 우리나라 법에는 진실을 이야기하더라도 다른 사람의 명예를 훼손하게 되면 죄가 된다고 규정하고 있어요. 물론 어떤 경우에 명예가 훼손되는지 따져 봐야 하겠지만 진실이라고 해서 함부로 이야기할 수 있는 건 아니라는 거예요.

우리나라 「형법」 제307조를 보면 '공연히 사실을 적시하여 사람의 명예를 훼손한 자는 2년 이하의 징역이나 금고 또는 500만 원 이하의 벌금에 처한다. 공연히 허위의 사실을 적시하여 명예를 훼손한 자는 5년 이하의 징역, 10년 이하의 자격정지 또는 1천만 원 이하의 벌금에 처한다.'고 규정하고 있어요. 당연한 이야기겠지만, 허위 사실로 상대의 명예를 훼손할 경우

이탈리아 로마의 '진실의 입Bocca della Verita'. 해신 트리톤 조각상인데, '진실의 입'에 손을 넣고 거짓말을 하면 손목이 잘린다는 이야기가 전해져 오고 있어요.

에는 더 큰 벌을 내리고 있지요.

2005년 5월, 한 인터넷 게시판에 딸이 남자친구 때문에 억울하게 목숨을 끊었다는 내용이 게재되었어요.('이야기 읽기' 참조)

이 글은 원래 죽은 딸의 미니홈피에 딸의 어머니가 게시한 글이었는데, 많은 네티즌이 이 게시물을 인터넷에 올리면서 빠르게 전파를 타게 된 것이었어요. 이 글이 인터넷 게시판에 올라오자 수많은 사람들이 죽은 딸을 추모하면서 남자친구 A씨를 비난했어요. 사람들의 관심이 폭발하자 몇몇 언론사가 이를 기사화했고, 포털 사이트(네이버, 다음 등)에도 기사가 게재되었어요. 포털 사이트에 기사가 게재되자 댓글 등을 통하여 A씨의 실명과 신상 정보까지 공개되었어요.

A씨는 자신의 실명과 신상 정보가 공개되자, 포털 사이트를 상대로 손해배상을 청구했어요. A씨는 포털 사이트가 자신의 명예를 훼손하는 내용의 뉴스를 언론사로부터 제공받아 게재한 것은 편집자로서의 책임이 있고, 포털 사이트 내의 카페나 블로그 등에 명예훼손적인 표현물이 게시된 것을 방치하였기 때문에 관리자의 의무를 위반한 것이라고 주장했어요.

A씨의 주장에 포털 사이트 측은 자신들은 언론사로부터 기사를 제공받아 분류하는 최소한의 작업만 하고 있기 때문에 기사 내용에 대한 책임은 전적으로 언론사에 있다고 주장했어요. 또 카페나 블로그 등은 네티즌이 자발적으로 개설해 활동하는 영역이기 때문에 포털 사이트는 이에 대해 관리 의무가 없다고 주장했어요.

2007년 5월 18일, 사건을 맡은 서울중앙지법은 포털 사이트가 A씨의 명예를 훼손한 점이 인정된다고 판결했어요. 법원은 포털 사이트가 불법적인 표현물의 존재와 부작용을 알았음에도 불구하고 삭제 또는 검색 차단 조치를 취하지 않았고, 이로 인해 A씨의 명예를 훼손하거나 사생활의 비밀을 침해하는 글이 광범위하게 유포되도록 방치한 책임이 있다고 판단했어요.

포털 사이트는 1심 판결에 불복하고 곧바로 항소했어요. 항소심을 맡은 서울고등법원은 2008년 7월 2일, 1심과 마찬가지로 포털 사이트가 A씨의 명예를 훼손했다고 판결했어요. 2심에서도 패소한 포털 사이트는 곧바로 대법원에 상고했어요.

2009년 4월 16일, 대법원도 1·2심 판결과 마찬가지로 포털 사이트가 A씨의 명예를 훼손했다고 판결했어요.(다수 의견 9명, 별개 의견 3명)

개인의 명예를 훼손하거나 사생활의 비밀을 침해하는 행위는 마땅히 처벌받아야 해요.

대법원은 포털 사이트가 언론사에서 제공하는 뉴스를 단순히 검색, 접근할 수 있도록 하는 창구 역할을 넘어, 기사를 서버에 보관하면서 그 가운데 일부를 선별하여 직접 관리하는 뉴스 게시 공간에 게재한다고 보았어요. 이는 포털 사이트가 사전에 명예를 훼손하는 내용을 인식하고 있었으며, 결국 적극적으로 전파한 행위에 해당된다고 판단했어요.

대법원은 포털 사이트 측이 카페나 블로그 등에 대해 관리 의무가 없다고 주장한 것에 대해서도 관리 의무가 있다고 판단했어요. 포털 사이트의 게시 공간은 네티즌들에게 쉽게 노출될 수 있기 때문에 타인의 명예를 보호할 필요성이 있고, 게다가 포털 사이트는 이 게시 공간을 통하여 직간접적으로 경제적 이익을 얻고 있기 때문에 그 공간에서 피해가 발생하지 않도록 관리해야 할 의무가 있다는 것이 대법원의 판단이었어요.

2 | 판결에 대한 다른 생각

대법원은 포털 사이트가 제공하는 게시 공간(블로그, 카페 등)에 명예훼손에 해당하는 표현물이 게시될 경우 포털 사이트가 이를 삭제하거나 차단시킬 필요가 있다고 판단했어요. 하지만 포털 사이트가 명예훼손 등에 따른 손해 배상을 우려한 나머지 이런 게시물에 대해 지나치게 간섭한다면 이용자들의 표현의 자유는 침해받을 수밖에 없어요. 대법원은 이런 점을 우려하여 게시물을 삭제 또는 차단하기 위해서는 몇 가지 요건이 충족될 때 제한적으로 이루어져야 한다고 보았고, 그 요건을 제시했어요.

첫째, 해당 게시물의 불법성이 명백할 것.

둘째, 피해자의 삭제 및 차단 요구가 있거나 요구가 없더라도 그 게시물이 게시된 사정이나 게시물의 존재를 인식할 수 있었음이 명백할 것.

셋째, 기술적·경제적으로 그 게시물에 대한 관리·통제가 가능한 경우일 것.

대법원은 이런 요건이 충족될 경우에는 인터넷 게시 공간의 게시물을 삭제하거나 차단할 의무가 포털 사이트에 있다고 본 거예요.

그런데 대법원이 제시한 요건 중에서 피해자의 삭제 요구가 없었을 경우에도 게시물을 삭제하거나 차단해야 된다는 것은 타당하지 않은 요건이에

요. 왜냐하면 게시물을 제한하기 위해서는 불법성과 위험이 있다는 점이 명백해야 하는데, 피해자의 삭제 요구가 있기 전까지는 그 위험성을 명확하게 알 수 없기 때문이지요. 포털 사이트는 피해자의 삭제 요구가 있을 때 비로소 피해가 발생할 위험이 있다는 것을 알 수 있는 거예요.

만약 피해자의 삭제 요구가 없었던 게시물에 대해서도 포털 사이트에 책임을 묻게 되면 인터넷상에서 표현의 자유를 침해하는 결과를 낳을 수도 있어요. 포털 사이트는 손해 배상 책임을 면하기 위해 게시물에 대한 감시를 강화할 것이고, 이는 포털 사이트에 검열 권한을 주는 것이기 때문이지요.

앞에서 우리나라에서는 사실을 말해도 명예훼손죄가 성립될 수 있다고 했어요. 그런데 표현 내용이 공적인 사안인지, 사적인 사안인지에 따라 판결은 다르게 나올 수 있어요. 공적인 영역에 해당하는 사안이라면 명예 보호라는 인격권보다 언론의 자유를 좀 더 인정해 주고, 사적인 영역에 해당하는 사안이라면 언론의 자유보다 인격권을 좀 더 보장해 주는 판결을 내릴 수 있다는 거예요.

그럼 포털 사이트 명예훼손 사건을 예로 들어 볼까요? 대법원은 포털 사이트가 관리 의무를 소홀히 했다는 이유로 A씨의 명예훼손에 책임이 있다고 판결했어요. 물론 이 사건에서 A씨의 명예를 훼손한 사람은 게시물을 처음 작성한 사람일 거예요. 만약 A씨가 게시물을 작성한 사람에게 소송을 걸었다면 게시물 작성자는 형사상, 민사상 모두 명예훼손죄로 처벌을 받았을 거예요. 게시물 작성자는 사실을 이야기했더라도 그로 인해 A씨의 명예가 훼손되었기 때문이지요.

그런데 여기에서 A씨가 국회의원이나 시장 선거에 입후보한 사람이었다고 가정하면 판결은 다르게 나올 수도 있어요. 한 나라, 한 도시를 이끌어 갈 지도자는 다른 사람들보다 훨씬 더 높은 도덕성과 성숙한 인격이 요구되지요. 유권자들도 후보자의 그런 점을 고려하여 투표에 반영하는 경우가 많아요. 이를 감안할 때 게시물 작성자의 글은 유권자들이 후보자의 도덕성과 성숙한 인격을 판단하는 데 도움을 줄 수 있기 때문에 공공의 이익이라는 점이 인정될 수 있어요. 이런 경우 게시물 작성자는 명예훼손죄로 처벌받지 않을 수도 있는 거예요.

표현의 내용이 공적인 사안인지, 사적인 사안인지에 따라 판결이 달라질 수 있다는 것은 한편으로 타당한 것 같지만 한편으로는 합리적이지 못한 판단일 수도 있어요. 법은 차별 없이 공정·공평하게 적용되어야 하는데, 단지 그 사람이 공인(공적인 사안에 해당)이냐, 일반인 (사적인 사안에 해당)이냐에 따라 다르

게 적용한다는 것은 그 자체로 차별을 인정하는 것이기 때문이지요. 또한 공인이라 하더라도 그는 한 개인이며, 명예훼손은 개인에게 해당하는 것이지 그 사람의 신분에 죄를 묻는 것은 아니기 때문이에요.

3 | 판결을 바라보는 눈

대법원이 포털 사이트 명예훼손 사건에서 포털 사이트에 책임이 있다고 판단한 주된 근거는 불법성이 명백한 내용을 사전에 알고 있었음에도 삭제하거나 차단하지 않았다는 것이었어요. 민주주의 사회에서는 개인 표현의 자유가 보장되어야 하지만, 그 표현이 다른 사람의 명예를 심각하게 훼손하는 경우에는 일정 부분 제한할 필요가 있다는 판단이었어요.

그렇다면 다른 나라에서는 인터넷 게시물에 대한 포털 사이트 관리자의 책임론에 대해 어떻게 생각하고 있을까요? 먼저 미국은 포털 사이트 관리자에게 책임 의무가 없다고 판결했어요. 인터넷 사용자가 수백만 명에 이르고, 그 양도 방대하므로 서비스 관리자가 일일이 문제될 만한 내용을 가려내는 것은 불가능하다는 이유였어요. 또 포털 사이트에 책임을 묻게 되면 표현의 자유를 위축시킬 수 있다는 점도 판단의 근거가 되었어요.

그러나 미국을 제외한 영국이나 독일, 유럽연합 등에서는 모두 포털 사이트가 불법성을 인지하였을 경우에는 이를 삭제하거나 차단할 의무가 있다는 입장이에요. 이웃 나라인 일본도 2001년에 관련 법을 제정하여 포털 사이트에 책임을 묻고 있어요.

대다수의 나라에서 명예훼손죄를 인정하고 있지만 우리나라 「형법」에서 규정하고 있는 명예훼손죄는 다른 나라와 조금 다른 특징이 있어요. 우리나라의 명예훼손죄는 형사상, 민사상 책임을 함께 물을 수 있어요. 국제적으로는 명예훼손죄에 대해 형사상 책임을 묻는 경우는 대부분 폐지되거나 사문화되었어요.

또 사실을 말했을 경우에도 형사 책임을 지는 것은 우리나라와 일본 외에는 찾아보기 어려운 조항이에요. 그래서 일부에서는 「형법」 제307조 제1항의 사실 적시에 의한 명예훼손 규정을 삭제해야 한다고 주장하고 있어요. 2013년에는 사실 적시에 의한 명예훼손죄를 폐지하는 내용의 「형법」 개정안이 국회에 제출되기도 했어요.

현재로서는 사실을 말해 타인의 명예를 훼손시켰더라도 죄가 되지 않는 경우는 '사실의 적시에 의한 행위가 진실한 사실로서 오로지 공공의 이익에 관한 것'일 때예요. 이는 「형법」 제310조에서 규정하고 있는 내용이에요. 이 법 조항 때문에 표현 내용이 공적인 사안인지, 사적인 사안인지에 따라 판결이 달라질 수 있는 것이었어요.

그런데 허위 사실이라 하더라도 명예훼손죄가 성립되지 않는 경우도 있어요. 작성자가 게시한 글이 나중에 허위 사실로 밝혀졌다 하더라도 작성자가 충분한 조사를 하여 당시에는 진실이라고 믿을 만한 상당한 이유가 있었음이 인정되면 명예훼손죄는 아니라고 보는 거예요. 다만 여기서는 '상당한 이유'라는 것을 작성자가 입증해야 해요.

지금까지 살펴본 내용을 정리하면 우리나라 「형법」에서는 사실을 말해도 명예훼손이 되는 경우가 있고, 그렇지 않은 경우도 있으며, 허위 사실을 말해도 명예훼손이 되지 않는 경우가 있고, 그렇지 않은 경우도 있어요.

사실 인간의 인격권(명예)과 언론·표현의 자유는 어느 것이 더 우선한다고 볼 수 없어요. 민주주의 사회에서는 둘 다 매우 소중하고 보호되어야 할 가치이기 때문이지요. 어느 하나를 우위에 둘 경우에는 다른 하나가 위축될 수밖에 없기 때문에 적절하게 조화를 이루는 것이 현명한 판단이에요.

그래서 법원도 명예훼손 사건을 판결할 때에는 그때그때 구체적 사실 관계에 따라 판결을 내릴 수밖에 없는 거예요. 개인의 명예를 어디까지 보호하고 보장해야 하는지, 언론·표현의 자유를 어디까지 보호하고 보장해야 하는지는 늘 우리가 고민해야 할 과제예요.

중요한 것은 자신의 명예와 타인의 명예를 존중하면서 언론·표현의 자유를 마음껏 누릴 수 있는 사회를 만들어 나가는 거예요.

정리 노트

▶ 「형법」 제307조 : 공연히 사실을 적시하여 사람의 명예를 훼손한 자는 2년 이하의 징역이나 금고 또는 500만 원 이하의 벌금에 처한다. 공연히 허위의 사실을 적시하여 명예를 훼손한 자는 5년 이하의 징역, 10년 이하의 자격정지 또는 1천만 원 이하의 벌금에 처한다.

▶ 「형법」 제310조 : 사실의 적시에 의한 행위가 진실한 사실로서 오로지 공공의 이익에 관한 때에는 처벌하지 아니한다.(이 규정에 의해 표현 내용이 공적인 사안인지, 사적인 사안인지에 따라 판결이 달라질 수 있음.)

▶ 작성자가 게시한 글이 나중에 허위 사실로 밝혀졌다 하더라도 작성자가 충분한 조사를 하여 당시에는 진실이라고 믿을 만한 상당한 이유가 있었음이 인정되면 명예훼손죄는 성립되지 않는다.

16

인간은 스스로 죽을 권리가 있는가?

① **소송 시기** : 2008년

② **소송 당사자** : 김 할머니 가족들

③ **판결 시기** : 2009년 5월 21일(대법원 2009년 5월 21일 선고, 2009다17417 판결)

④ **판결** : 김 할머니에 대한 연명 치료를 중단해야 한다.

1 | 소송 내용과 판결

이야기 읽기

김 할머니는 심한 기침이 계속되자 폐암 여부를 확인하기 위해 병원을 찾았다. 할머니는 검사 도중 과다 출혈을 일으켜 심장 박동이 정지되었고, 이후 저산소성 뇌손상을 입었다. 할머니는 인공호흡기에 의지한 채 생명을 유지하는 상태가 되었다.

◆**김 할머니 가족** : 할머니는 평소 기계나 약물에 의해 삶을 연장하기보다는 자연적인 죽음을 원한다고 말씀하셨습니다. 연명 치료를 중단해 주십

시오.

◆ **병원** : 환자에 대한 진료를 포기하면 환자는 사망하게 됩니다. 병원은 환자의 생명을 보호하는 곳이기 때문에 연명 치료를 중단할 수 없습니다.

◆ **김 할머니 가족** : 인공호흡기에 의지해 있는 것은 단순히 생명의 징후만 연장하는 것이기 때문에 아무런 의미가 없습니다. 할머니는 평소 이런 삶을 원하지 않았습니다. 연명 치료를 중단해 달라는 소송을 제기하겠습니다.

조금 슬픈 상황을 가정해 볼게요. 어떤 사람이 식물인간 상태로 병원에 누워 있어요. 그 사람은 생명을 유지하기 위해 인공호흡기를 착용하고 있고, 회복할 가능성은 거의 없는 상태예요. 만약 인공호흡기를 뗀다면 이 사람은 사망할 가능성이 매우 높아요. 이 사람이 여러분의 가족 중 한 명이라면 여러분은 어떤 선택을 할 수 있을까요?

그냥 단순하게 생각하면 인공호흡기를 착용한 채 생명을 유지하는 게 낫지 않겠냐고 말할 수도 있어요. 병원비를 생각하지 않으면 말이지요. 그런데 매달 이 사람의 가족이 감당할 수 없을 정도의 병원비가 나온다면 그런 선택을 할 수 있을까요? 아마도 그런 선택을 하기는 쉽지 않을 거예요.

의식 없이 인공호흡기에 의지해 누워 있는 사람에게 생명의 존엄성을 이유로 계속 치료를 할 것인지, 아니면 무의미한 생명 연장을 중단하고 자연스럽게 죽을 권리를 인정해 줄 것인지는 쉽지 않은 선택의 문제예요.

인간의 생명은 그 무엇과도 비교될 수 없으며 가장 소중한 가치를 지니고 있어요. 전 세계의 모든 나라가 생명을 해치는 것을 가장 큰 범죄로 규정하고 있다는 것은 그만큼 인간의 생명이 소중하다는 의미예요.

그런데 이런 소중한 생명에 대해 다른 생각을 가진 사람들도 있어요. 스스로 목숨을 끊는 행위, 즉 자살하는 사람들이에요. 자살은 비록 범죄는 아니지만 소중한 생명을 가볍게 볼 수 있다는 의미에서 사회 문제가 되고 있어요.

목숨을 끊는 행위와 관련하여 자살보다 더 사회적인 문제가 되는 경우가 있어요. 자살 방조, 안락사, 존엄사가 그런 경우예요. 넓은 의미에서는 안락사나 존엄사도 자살 방조로 볼 수 있지만 각각의 의미는 조금씩 달라요.

자살 방조는 적극적으로 자살을 돕는다는 의미가 강한 말이에요. 이런 자살 방조는 오랫동안 논란이 되어 왔어요. 그런 행위를 범죄로 볼 것인지 아닌지 판단하기가 어려웠기 때문이에요. 안락사는 극심한 고통을 겪고 있는 불치병에 걸린 환자에 대하여 본인 또는 가족들의 요구에 따라 생명을 단축하는 행위를 말해요. 안락사는 고통 없는 편안한 죽음을 위해서 하는 행위예요. 존엄사는 인간으로서 지녀야 할 최소한의 품위를 지키면서 죽을 수 있게 하는 행위를 말해요. 존엄사는 환자가 회복 불가능한 상태가 되었을 때 생명을 연장하는 치료를 거부하고 자연적 죽음에 이르게 하는 행위예요. 흔히 존엄사는 '소극적인 안락사'라고 말하기도 해요.

조금 더 쉽게 정리하면 안락사는 약물 투여 등의 방법으로 고통 없는 편안한 죽음에 이르게 하는 것이고, 존엄사는 생명을 연장하는 치료를 거부하여 자연적 죽음에 이르게 하는 거예요. 이런 의미에서 보면 존엄사보다는 안락사가 자살 방조에 더 가깝다고 할 수 있지요.

안락사나 존엄사 문제가 사회적 이슈가 된 사건은 1976년 미국에서 일어났어요. 1954년 미국 뉴저지에 살던 퀸란 부부는 카렌 앤이라는 여자아이를 입양했어요. 카렌은 건강하게 잘 자랐는데, 카렌이 스물한 살이 되던 1975년에 불행이 찾아왔어요. 친구의 생일 파티에서 신경안정제를 먹고 술을 마신 카렌이 의식 불명 상태에 빠진 거예요. 카렌은 평생을 식물인간 상태에서 인공호흡기를 달고 살아야 한다는 진단을 받았어요.

퀸란 부부는 딸이 식물인간이 되자 자연스러운 죽음을 맞이하게 해 달라고 병원 측에 요구했어요. 하지만 병원은 부부의 요구를 들어주지 않았고, 결국 부부는 법원에 소송을 제기했어요.

소송을 맡은 뉴저지 주 법원은 병원 측의 손을 들어 주었어요. 그러자 부부는 대법원에 상고했고, 1976년 대법원은 카렌이 생명 유지 장치 없이 자연스럽게 죽을 권리가 있다는 판결을 내렸어요.

우리나라에서 안락사와 존엄사 문제가 본격적으로 논의되고, 그와 관련된 법이 만들어지게 된 계기는 일명 '김 할머니 사건'이었어요.

1932년생인 김 할머니는 2008년 심한 기침이 계속되자 폐암 여부를 확인하기 위해 병원을 찾았고, 검사 도중 과다 출혈을 일으켜 심장 박동이 정지되었어요. 의료진은 심장 기능을 회복시키기 위해 많은 노력을 기울였지만 결국 할머니는 저산소성 뇌손상을 입고 말았어요. 할머니는 인공호흡기를 착용한 채 간신히 생명을 유지할 수 있었어요. 이때부터 할머니는

항생제 투여, 인공영양 공급, 수액 공급 등의 치료를 받았고, 의사들은 인공호흡기를 제거하면 목숨을 잃을 것이라고 진단했어요.

그런데 김 할머니는 평소 신체적인 건강을 잃게 되면 약물이나 기계에 의지해 삶을 연장하기보다는 자연적인 죽음을 원한다는 의사를 밝힌 분이었어요. 할머니의 가족들은 평소 할머니의 뜻을 받들어 병원 측에 연명 치료 중단을 요구했어요. 하지만 병원 측은 환자에 대한 진료를 포기할 수 없다면서 가족들의 요구를 거부했어요.

결국 할머니의 가족들은 2008년 6월 무의미한 연명 치료를 중단해 달라며 소송을 제기했어요. 가족들은 인공호흡기에 의지해 생명을 연장하는 것은 아무런 의미가 없으며, 평소 할머니가 자연스러운 죽음을 원한다는 의사를 표시해 왔기 때문에 연명 치료를 중단해야 한다고 주장했어요.

하지만 병원 측은 치료를 중단하게 되면 환자가 사망하게 되므로 환자에 대한 생명 보호 의무가 먼저인 병원으로서는 치료를 중단할 수 없다고 주장했어요.

김 할머니 사건을 맡은 1심 법원은 인공호흡기에 의지해 있는 환자가 회복 가능성이 없고, 치료가 의학적으로 무의미하며, 환자가 평소에 자연스러운 죽음을 원했다는 의사가 있었다는 이유를 들어 치료 중단을 요구한 가족들의 손을 들어 주었어요.

병원 측은 항소했고, 2심 법원도 1심 법원과 같은 판결을 내렸어요. 이에 병원은 대법원에 상고했어요. 2009년 5월 21일, 대법원도 김 할머니에 대한 연명 치료를 중단하는 것이 옳다는 판결을 내렸어요.(다수 의견 9명, 반대 의견 4명)

대법원은 모든 환자가 회복 불가능한 상태가 되었을 때는 인간의 존엄과 가치, 행복 추구권에 기초해 자기 결정권을 행사한 것으로 인정되면 연명 치료를 중단할 수 있다고 보았어요. 김 할머니의 진료 행위는 질병의 호전을 위한 것이 아닌 단지 생명을 인위적으로 연장하는 것에 불과하기 때문에 치료의 목적을 상실한 신체 침해 행위에 해당되고, 이를 환자에게 강요하는 것은 오히려 인간의 존엄과 가치를 훼손하는 것이라고 판단했어요.

대법원은 환자가 회복 불가능한 상태에 이를 경우를 대비해 미리 의료인에게 자신의 연명 치료를 거부하거나 중단해 달라는 의사를 밝혔기 때문에 자기 결정권을 행사한 것이라고 보았어요. 이에 덧붙여서 대법원은 만약 환자가 사전에 연명 치료 중단 의사를 밝히지 않았다 하더라도 평소의 가치관이나 신념 등에 비추어 연명 치료 중단을 선택했을 것이라고 판단할 수 있다면 연명 치료 중단이 가능하다고 보았어요.

대법원 판결의 핵심은 환자가 사전에 무의미한 연명 치료를 거부하고 자연스러운 죽음을 선택하려는 의사를 밝혔다면 환자의 자기 결정권을 존중해서 연명 치료를 중단해야 한다는 것이었어요.

대법원 판결 후인 2009년 6월 23일 병원은 김 할머니의 인공호흡기를 제거했고, 김 할머니는 인공호흡기를 제거한 후에도 201일을 더 살다가 2010년 1월 10일 숨을 거두었어요.

2 │ 판결에 대한 다른 생각

김 할머니 사건에 대한 대법원의 판단은 우리 사회에 존엄사에 대한 일종의 가이드라인을 제시했다는 점에서 큰 의미가 있었어요.

회복 불가능한 죽음의 단계에 들어선 환자에 대해서는 진료를 중단할 수 있다는 것이 대법관 전원의 일치된 의견이었어요. 그런데 회복 불가능한 죽음의 단계라는 것을 어떻게 확신할 수 있을까요? 세상에는 기적이라는 것이 언제든지 일어날 수 있고, 실제로 그런 경우가 있었어요. 오랫동안 식물인간 상태였던 사람이 기적적으로 깨어나는 경우 말이지요. 김 할머니의 경우에도 할머니가 100퍼센트 회복 불가능한 죽음의 단계라고 확신할 수는 없는 거예요.

또한 환자로부터 인공호흡기를 제거하고 치료를 중단하는 것은 사망을 앞당기는 행위라고 볼 수 있어요. 평소 환자가 연명 치료 중단 의사를 가지고 있었다면 그런 환자의 의사는 자살로 보아야 하고, 이 경우 치료 중단

행위는 자살에 관여하는 것이므로 연명 치료 중단을 허용해서는 안 되는 거예요.

대법원은 김 할머니가 평소에 자연스러운 죽음을 원한다는 의사를 밝힌 것에 주목하여 자기 결정권을 행사한 것으로 보았고, 그에 따라 연명 치료를 중단해도 된다고 판결했어요. 하지만 김 할머니의 이런 의사도 조금 다르게 해석할 수 있어요.

김 할머니의 말과 태도는 건강한 상태에서 누구라도 흔히 가질 수 있는 생각이지, 그것이 본인의 확실한 의사는 아닐 수도 있는 거예요. 또한 김 할머니의 생각은 생명 유지 장치를 장착하는 데 대한 소극적인 거부라고 볼 수도 있어요.

특히 김 할머니는 예기치 못한 상황이 발생하여 인공호흡기를 착용하게 되었어요. 이번 경우는 할머니가 원했던 자연스러운 죽음에 이르는 과정이 아니었기 때문에 할머니의 평소 생각을 적용하기에는 조금 애매한 상황이에요.

김 할머니 사건에 대한 대법원 판결에서 가장 우려스러운 부분은 인간 생명의 존엄성과 가치 훼손이에요. 인간의 생명은 그 무엇과도 비교할 수 없는 가장 소중한 것인데, 그 생명을 인위적으로 중단하는 행위는 그 자체로 인간 생명의 가치를 훼손하는 것이기 때문이지요.

또 이런 경우도 생각해 볼 수 있어요. 인간의 생각과 행동은 처한 상황에 따라 늘 변할 수 있어요. 평소에 자연스러운 죽음을 원한다는 의사를 밝혔다고 하더라도 그 생각이 그 사람의 변함없는 확고한 의사라고 볼 수는 없어요. 인간은 오히려 죽음이 닥쳤을 때 삶에 대한 애착이 더 강해지는 경우도 있기 때문이지요. 인간의 생각이 바뀔 수 있다는 가정을 인정한다면 평소 생각을 전적으로 반영하여 연명 치료를 중단하는 것은 잘못된 판단일 수도 있는 거예요.

만약 존엄사가 합법화되면 그것을 악용하는 경우가 발생할 수도 있어요. 예를 들어 환자는 평소 존엄사를 원하지 않았지만 병원비 때문에 가족들이 거짓말하는 경우도 있을 테고, 환자의 장기를 기증받기 위해 존엄사를 유도할 수도 있어요.

환자의 자기 결정권은 존중받고 보장되어야 하지만 그것이 인간의 생명에 해당하는 경우라면 그 생명의 존엄성을 지켜 주는 것이 더 바람직하다고 볼 수 있어요.

3 | 판결을 바라보는 눈

김 할머니 사건은 우리나라에서 최초로 환자와 가족에게 자연스러운 죽음, 품위 있는 죽음을 선택할 권리를 인정한 매우 의미 있는 사건으로 기록되고 있어요. 김 할머니 사건 판결 이후로 안락사와 존엄사에 대한 관심이 높아졌고, 관련 법안도 만들어졌기 때문이에요.

세계적으로도 안락사를 허용하고 있는 나라는 많지 않아요. 그것은 아직까지 많은 나라가 환자의 자기 결정권보다 생명의 존엄과 가치에 더 우위를 두기 때문일 거예요.

세계 최초로 안락사를 합법화한 나라는 네덜란드예요. 네덜란드가 안락사를 합법화한 때는 2002년으로 비교적 최근의 일이에요. 안락사 문제가 이미 수십 년 전부터 있었던 것을 생각하면 많은 나라가 오랫동안 깊은 고민을 했다는 것을 알 수 있어요. 네덜란드의 뒤를 이어 벨기에, 룩셈부르크, 스위스, 콜롬비아, 캐나다 등이 안락사를 합법화했어요.

미국은 각 주마다 법령이 다르기 때문에 안락사를 합법화한 나라라고 볼 수는 없어요. 미국의 50개 주 가운데 현재 안락사를 합법화한 주는 5개 주에 불과해요. 미국에서 가장 먼저 안락사를 허용한 오리건 주를 비롯해 워싱턴 주, 몬태나 주, 버몬트 주, 캘리포니아 주가 안락사를 허용하고 있어요.

안락사를 합법화한 나라들은 불치병에 걸린 환자가 자발적 의지로 안락사를 원할 경우 독극물 주사나 의사의 도움을 받아 품위 있게 죽을 수 있는 권리를 인정하고 있어요.

그런데 안락사를 허용하고 있는 나라들 중 스위스는 다른 나라들과 달리 조금 특별하게 안락사를 시행하고 있어요. 스위스를 제외한 나라들은 모두 자국민에 한해 안락사를 허용하고 있지만 스위스는 자국민뿐 아니라 외국인에게도 안락사를 허용하고 있어요. 그래서 안락사를 희망하는 환자들 중에는 스위스로 건너가는 경우도 많다고 해요.

우리나라는 현재 안락사를 허용하고 있지 않지만 김 할머니 사건 이후 존엄사와 관련된 법안이 만들어지면서 존엄사는 허용하고 있어요. 우리나라가 시행하고 있는 존엄사에 관한 정식 법령은 「호스피스·완화의료 및 임종과정에 있는 환자의 연명의료결정에 관한 법」(연명의료법)이에요. 일명 '웰다잉법'이라고도 불러요. 이 법은 2016년 1월 국회에서 통과되어 2년의

유예 기간을 거친 후 2018년 2월부터 시행되고 있어요.

이 법은 '회생 가능성이 없고, 급속도로 증상이 악화돼 사망에 임박해 있고, 치료해도 회복되지 않는 환자를 대상으로 심폐소생술, 혈액 투석, 항암제 투여, 인공호흡기 착용 등 네 가지 연명 치료를 중단할 수 있다.'는 내용을 담고 있어요.

그런데 이 법을 적용받기 위해서는 몇 가지 조건이 있어요. 첫째, 임종을 앞둔 환자가 생전에 연명 치료를 원치 않는다는 내용을 명확하게 밝혀 두거나 가족 2인 이상이 평소 환자의 뜻을 확인해 주어야 해요. 둘째, 환자의 의사를 확인할 수 없는 경우에는 가족 전원의 합의가 있어야 해요. 셋째, 미성년자인 경우에는 법적 대리인이 결정할 수 있어요.

「연명의료법」이 시행되면서 환자의 자기 결정권이 인정되었다고는 하지만 여전히 존엄사는 쉽지 않은 선택의 문제를 안고 있어요. 그것이 인간의 생명과 직결되어 있기 때문이지요. 인간의 생명은 법의 영역이 아니라 생물, 윤리, 종교의 영역이라는 관점에서 보면 존엄사를 받아들이기는 쉽지 않아요. 또 환자의 의사를 확인할 수 없는 경우 연명 치료를 중단하는 것에 대해서도 의견이 분분해요. 이런 부분들은 앞으로 더 신중하게 살펴볼 필요가 있어요.

존엄사를 인정한다고 해서 그것이 생명의 존엄과 가치를 소홀히 하는 것은 아니며, 존엄사를 인정하지 않는다고 해서 그것이 인간의 자기 결정권을 소홀히 한다는 의미는 아닐 거예요.

인간은 스스로 죽을 권리가 있는가? 인간의 생명은 그 어떤 경우에도 보호받아야 하는가? 이 두 가지 질문을 가장 합리적으로 해결할 때 가장 최선의 선택이 될 수 있을 거예요.

정리 노트

▶ 안락사는 극심한 고통을 겪고 있는 불치병에 걸린 환자에 대하여 본인 또는 가족들의 요구에 따라 생명을 단축하는 행위이다. 존엄사는 인간으로서 지녀야 할 최소한의 품위를 지키면서 죽을 수 있게 하는 행위이다. 안락사는 약물 투여 등의 방법으로 고통 없는 편안한 죽음에 이르게 하는 것이고, 존엄사는 생명을 연장하는 치료를 거부하여 자연적 죽음에 이르게 하는 것이다.

▶ 대법원은 김 할머니 사건에서 환자가 사전에 무의미한 연명 치료를 거부하고 자연스러운 죽음을 선택하려는 의사를 밝혔다면 환자의 자기 결정권을 존중해서 연명 치료를 중단해야 한다고 판결했다.

▶ 2018년 2월부터 시행되고 있는 「호스피스·완화의료 및 임종과정에 있는 환자의 연명의료결정에 관한 법」(연명의료법)에서는 존엄사에 대해 '회생 가능성이 없고, 급

속도로 증상이 악화돼 사망에 임박해 있고, 치료해도 회복되지 않는 환자를 대상으로 심폐소생술, 혈액 투석, 항암제 투여, 인공호흡기 착용 등 네 가지 연명 치료를 중단할 수 있다.'고 규정하고 있다.

▶ 연명의료법에 의해 존엄사를 인정받기 위해서는 임종을 앞둔 환자가 생전에 연명치료를 원치 않는다는 내용을 명확하게 밝혀 두거나 가족 2인 이상이 평소 환자의 뜻을 확인해 주어야 한다. 환자의 의사를 확인할 수 없는 경우에는 가족 전원의 합의가 있어야 한다. 또 미성년자인 경우에는 법적 대리인이 결정할 수 있다.

17

정당방위는 어디까지 인정되어야 하는가?

① **소송 시기** : 2014년

② **소송 당사자** : 20대 A씨

③ **판결 시기** : 2016년 5월 12일(대법원 2016년 5월 12일 선고, 2016도2794 판결)

④ **판결** : 도둑을 폭행하여 사망에 이르게 한 것은 정당방위로 볼 수 없다.

1 | 소송 내용과 판결

이야기 읽기

A씨는 늦은 밤 집에 들어온 도둑을 발견하고 주먹을 휘둘렀다. A씨의 주먹에 맞은 도둑은 쓰러졌고, 가까스로 일어나 도망가려 했지만 A씨의 연이은 구타에 결국 의식을 잃었고, 식물인간 상태가 되었다.

◆**검찰** : 당신은 도둑을 때려 식물인간을 만들었습니다. 당신을 「폭력행위 등 처벌에 관한 법률」 위반 혐의로 기소하겠습니다.

◆**A씨** : 저는 정당방위 차원에서 도둑을 때렸을 뿐입니다.

'정당방위'를 사전에서 찾아보면 '자기 또는 남에게 가하여지는 급박하고 부당한 침해를 막기 위하여 침해자에게 어쩔 수 없이 취하는 가해 행위'라고 나와 있어요. 글자 그대로 정당하게 자신을 방위한다는 의미지요.

우리나라 「형법」 제21조에는 '자기 또는 타인의 법익(어떤 법의 규정이 보호하려고 하는 이익. 살인죄에서 사람의 생명, 절도죄에서 재물의 소유권 따위)에 대한 현재의 부당한 침해를 방위하기 위한 행위는 상당한 이유가 있는 때에는 벌하지 아니한다.'고 규정하고 있어요. 「형법」에서는 이렇게 정당방위에 대해 규정하고 있지만 그 범위와 기준이 명확하지 않아서 현실에서는 많은 혼돈이 있기도 해요.

2014년 3월 8일, 강원도 원주시에 사는 20대 A씨는 군 입대를 앞둔 친구들과 어울려 놀다가 새벽 3시가 넘어서 귀가했어요. A씨가 현관문을 열고 거실에 들어섰을 때 거실에서는 50대의 도둑 B씨가 서랍장을 뒤지고 있었어요.

A씨는 곧장 도둑에게 다가가 주먹을 휘둘렀고, 주먹을 맞은 도둑은 가까스로 일어나 도망치려고 했어요. A씨는 도망가려는 도둑을 잡아 여러 차

례 구타했어요. 뒤이어 A씨는 빨래 건조대를 집어 들어 도둑의 등을 때렸고, 허리에 차고 있던 벨트까지 풀어서 때렸어요. 결국 도둑 B씨는 의식을 잃었고, 식물인간 상태가 되었어요.

검찰은 A씨를 「폭력행위 등 처벌에 관한 법률」 위반(집단·흉기 등 상해) 혐의로 기소했어요. 사건을 맡은 춘천지방법원 원주지원 재판부는 2014년 10월 A씨의 행위는 정당방위로 인정될 수 없다며 징역 1년 6월을 선고했어요. 재판부는 아무런 저항 없이 도망만 가려고 했던 절도범(피해자)을 장시간 때려 식물인간 상태로 만든 행위는 방위 행위로서의 한도를 넘어섰기 때문에 정당방위가 될 수 없다고 판단했어요.

A씨는 곧바로 항소했어요. 그런데 항소심 재판 중이던 2014년 12월 식물인간 상태였던 B씨가 사망하고 말았어요. B씨의 직접적인 사망 원인은

폐렴이었어요. 항소심 선고 공판을 앞두고 피해자가 사망하자, 그동안 진행하던 재판은 취소되었고 공소장은 상해치사죄로 변경되었어요. 공소장이 변경되면서 재판부도 춘천지방법원 제1형사부에서 상해치사죄 항소심을 담당하는 서울고등법원 춘천 제1형사부로 변경되었어요.

항소심 재판에서 A씨와 변호인은 자신의 폭행으로 B씨가 사망할 것이라고 전혀 예상하지 못했고, 여러 요인이 작용해 폐렴 진단이 나올 수 있는 만큼 A씨의 폭행과 B씨의 사망은 인과 관계가 없다고 주장했어요. 하지만 검찰은 A씨의 폭행에 따른 상해와 합병증이 B씨의 직접적인 사인인 폐렴에 큰 영향을 끼쳤다고 주장했어요.

2016년 1월 29일, 항소심 재판을 맡은 서울고등법원 춘천 제1형사부는 상해치사죄로 기소된 A씨에게 징역 1년 6월을 선고한 원심을 파기하고, 징역 1년 6월에 집행 유예 3년을 선고하며 240시간의 사회봉사를 명령했어요.

재판부는 A씨가 B씨를 완전히 제압한 이후에도 계속적인 폭행이 이루어졌다는 것에 주목했어요. A씨의 이런 추가 폭행은 방어 의사를 초월해 공격 의사가 압도적이었고, 이는 사회 통념상으로도 정당방위에 해당되지 않는다고 보았어요. 또 재판부는 B씨의 사망에 대해서도 A씨의 폭행이 원인이라고 판단하여 A씨에게 상해치사죄를 적용한 것이었어요.

항소심 판결 후 A씨의 변호인은 도둑을 제압한 피고인의 행위를 정당방위가 아닌 단순 범죄로 판단한 것은 이해할 수 없다며 대법원에 상고했어요.

2016년 5월 12일, 사건을 맡은 대법원은 상해치사 혐의로 기소된 A씨의 상고를 기각했어요. 대법원도 이미 쓰러져 움직일 수 없던 도둑을 추가로 폭행한 건 정당방위로 볼 수 없다고 판단한 거예요. 대법원의 판결로 A씨는 항소심 재판부가 판결한 징역 1년 6월에 집행 유예 3년의 형이 확정되었어요.

2 | 판결에 대한 다른 생각

자신의 집에 침입한 도둑을 폭행하여 결국 사망에 이르게 한 '도둑 뇌사 사망 사건'은 1심과 2심, 대법원까지 모두 정당방위로 인정할 수 없다는 판결이 나왔기 때문에 다른 의견을 말하기는 쉽지 않아요. 다만 정당방위의 범위와 기준에 대해서는 의문이 남을 수 있어요.

1심과 2심, 대법원은 A씨의 행위가 정당방위를 넘어선 일방적인 폭행이었다고 판단했어요. 하지만 그런 상황에서 A씨가 최소한의 방위만 할 수 있는지는 한번 생각해 볼 필요가 있어요.

한밤중 집에 도둑이 들었다고 가정해 보세요. 도둑은 물건을 훔치러 왔겠지만 상황에 따라서는 집주인에게 상해를 가할 수도 있어요. 즉 집에 도둑이 들었다는 건 매우 위급한 상황이에요. 위급한 상황이라면 집주인은 무조건 도둑을 제압해야 된다는 생각만 할 것이고, 닥치는 대로 물건을 집어 들고 대항할 수밖에 없어요. 그 상황에서 도둑이 다칠지 모르니까 조심해서 공격해야 한다는 생각을 할 수 있을까요? 이런 생각은 아무도 하지 않을 거예요.

법원은 도둑을 완전히 제압한 후에도 폭행한 것은 정당방위가 아니라고 했지만 이 부분도 다르게 생각해 볼 수 있어요. 그런 상황에서 도둑을 제압했다고 해서 과연 안심할 수 있을까요? 언제 도둑이 깨어나 자신을 공격할지 아무도 장담할 수 없어요. 또 위급한 상황에서는 도둑이 완전히 제압되었는지 정확히 판단하기가 어려워요. 그렇기 때문에 쓰러진 도둑에게 가해진 폭행도 정당방위로 볼 수 있는 거예요.

우리나라의 경우 쌍방 폭행은 정당방위로 인정해 주지 않는 경우가 대부분이에요. 그래서 '싸움이 나면 무조건 맞아라.'는 말이 나온 거예요. 누군가가 먼저 때리고 이에 맞서서 함께 때리면 두 사람은 쌍방 폭행이 되어 둘 다 가해자가 돼요. 상대방이 먼저 때렸기 때문에 어쩔 수 없이 맞서서 때렸을 뿐인데 정당방위가 아니라고 한다면 맞서서 때린 사람 입장에서는 억울할 수도 있는 상황이지요.

법원에서 쌍방 폭행을 정당방위로 보지 않는 이유는 싸움의 경우 가해 행위는 방어 행위인 동시에 공격 행위의 성질을 가지고 있기 때문이에요. 두 사람의 싸움은 방어 행위가 되면서 동시에 공격 행위가 되기 때문에 정당방위가 아니라는 거예요. 정당방위가 되려면 방어 행위만 있어야지 공격 행위가 있으면 안 된다는 거지요.

그럼에도 불구하고 먼저 맞은 사람은 억울할 수밖에 없어요. 먼저 맞은 사람이 정당방위를 인정받기 위해서는 도대체 어떤 식으로 방어를 해야 하는 걸까요? 두 사람 간의 다툼에서 가해자가 되지 않으려면 때리지 않고 맞기만 해야 할까요?

만약 상대의 폭력이 목숨을 잃게 할 수도 있을 만큼 위험한 경우에도 맞

기만 할 수 있을까요? 이럴 때는 누구나 본능적으로 방어할 수밖에 없을 거예요. 주먹을 휘두르거나 발을 사용할 수도 있어요. 하지만 이런 경우에도 정당방위가 아니라 쌍방 폭행이 된다면 너무 억울하지 않을까요?

2020년 대전지법의 한 부장판사는 쌍방 폭행 사건에 대해서 정당방위를 인정하는 데 인색한 것은 후진적 법률 문화라면서 정당방위를 인정하는 판결을 내렸어요.

학원 강사 A씨는 대전의 한 학원에서 학부모 B씨와 몸싸움을 하며 다투었어요. 이 과정에서 B씨는 자신이 다쳤다며 상해 혐의로 강사 A씨를 고소했어요.

학부모 B씨는 자신의 자녀가 다른 학원생에게 맞은 것을 확인하는 과정에서 강사 A씨의 말투가 마음에 들지 않는다며 오른손으로 강사 A씨의 왼팔과 얼굴 부분을 때리고 머리채를 잡아 흔들었어요. 이 과정에서 A씨는 상해를 입었고, A씨도 손으로 B씨의 양팔과 왼쪽 어깨 등을 때려 상해를 입혔어요. 서로 상해를 입힌 상황이었는데, 고소한 건 학부모인 B씨였어요.

이 사건을 맡은 부장판사는 학부모 B씨가 강사를 때리고 머리채를 잡아 흔든 것은 불법 행위이고, A씨의 행동은 B씨의 불법 행위에 대해 저항하는 과정에서 나타난 행동이라고 보았어요. 그는 어느 한쪽이 먼저 부당한 행위를 한 것이 분명하다면 그에 대한 방어 행위를 쌍방 폭행 사건으로 처리하는 것은 문제가 있다고 보았고, A씨에게 무죄를 선고했어요.

이 판결은 부당한 공격에서 자신을 보호하려는 소극적인 저항 수단마저 쌍방 폭행으로 간주하여 처벌하는 것은 문제가 있다는 메시지를 던져 주었어요.

3 | 판결을 바라보는 눈

앞에서 살펴보았듯이 우리 사회에서 정당방위를 인정받기는 매우 어려운데, 그 이유는 「형법」의 정당방위 규정 때문이에요. 「형법」 제21조에는 정당방위에 대해 '자기 또는 타인의 법익에 대한 현재의 부당한 침해를 방위하기 위한 행위는 상당한 이유가 있는 때에는 벌하지 아니한다.'고 규정하고 있어요.

법 조항을 자세히 살펴보면 세 가지 조건이 성립되어야 정당방위가 될 수 있다는 것을 알 수 있어요. 첫째, 현재의 부당한 침해가 있어야 해요. 과거에 일어난 침해에 보복하거나 미래에 일어날 침해에 대비하는 것은 정당방위가 아니에요. 예를 들어 며칠 전에 철수는 영희에게 폭행을 당했어요. 그런데 오늘 우연히 길을 가다가 영희를 발견한 철수는 며칠 전 폭행당한 것을 생각하고 영희를 폭행했어요. 이런 경우 철수의 행동은 정당방위가 안 된다는 거예요. 현재의 부당한 침해가 아니기 때문이지요.

둘째, 자신 또는 타인의 법익에 대한 방어 행위여야 해요. 정당방위는 상대방이 자신의 법익을 침해했을 때 이를 억제하고 방어한다는 의미로 행해져야 해요. 공격 의사가 있어서는 안 된다는 거예요. 일반적인 싸움의 경우 정당방위가 안 되는 이유는 방어 행위여야 한다는 조건 때문이에요. 싸움의 경우 누가 먼저 때렸건 간에 서로 공격과 방어가 동시에 이루어지기 때문에 정당방위 조건에 해당되지 않는 거예요.

셋째, 상당한 이유가 있어야 해요. 상당한 이유라는 것은 방어 행위가 사회 통념상 허용될 수 있는 수준이어야 한다는 거예요. 그렇다면 사회 통념상 허용될 수 있는 방어 행위라는 것은 어떤 것일까요? 학자들은 공격자에게 피해가 가장 적은 방법을 선택해야 된다는 '최소 방위의 원칙'을 이야기해요. 하지만 이런 견해는 현실과 조금 괴리되어 있어요. 부당한 침해를 당하고 있는 긴박한 상황에서 상대방에게 피해가 적은 방법을 선택하는 것은 현실적으로 불가능하기 때문이지요.

아무튼 우리나라에서 정당방위가 인정되려면 위의 세 가지 조건을 모두 충족해야 해요. 그래서 정당방위를 인정받기가 쉽지 않은 거예요.

앞에서 살펴본 '도둑 뇌사 사망 사건'도 정당방위 조건과 비교해 살펴보

『형법』의 정당방위 규정	
1	현재의 부당한 침해
2	자신 또는 타인의 법익에 대한 방어 행위
3	상당한 이유 (방어 행위가 사회 통념상 허용될 수 있는 수준)

두 사람 간 싸움은 공격 행위와 방어 행위가 함께 있어서 정당방위가 될 수 없어요.

면 법원의 판단을 쉽게 이해할 수 있어요. 집주인 A씨의 행동은 현재의 부당한 침해에 맞선 행동이었지만 사회 통념상 허용될 수 있는 수준을 넘어선 폭행이었기 때문에 셋째 조건인 '상당한 이유'를 충족할 수 없었던 거예요.

총기 소지를 허용하고 있는 미국은 정당방위를 어떻게 규정하고 있을까요? 총은 사람의 생명을 쉽게 해칠 수 있어요. 이런 경우 정당방위 조건을 까다롭게 해야 할까요, 좀 더 넓게 적용해야 할까요?

많은 사람들이 미국에서는 집 안에 침입한 사람에게 총을 쏴도 정당방위가 된다고 알고 있어요. 하지만 이는 잘못 알고 있는 거예요. 미국에는 「캐슬 독트린」이라는 법이 있어요. 「캐슬 독트린」은 미국 형법상의 원칙인데, 모든 사람은 자신만의 성(캐슬), 즉 보호 구역이 있고, 그곳에 침입해 자신을 위협하는 사람에게는 무기를 사용해 대응해도 된다는 원칙이에요. 집 안에 무단 침입한 사람에게 총을 쏴서 죽여도 기소할 수 없다는 뜻이에요.

그런데 여기에서 정당방위를 인정받기 위해서는 몇 가지 조건을 충족해야 해요. 그 조건은 '침입자가 집주인의 허락 없이 집에 침입했을 것, 침입자가 위법 행위를 하고 있을 것, 침입자가 집주인에게 심각한 해를 가할 수 있다고 느꼈을 것, 집주인이 침입자에게 폭력을 행사하도록 유도하지 말 것' 등이에요. 이 법은 미국의 20개 주 이상에서 시행되고 있어요.

2005년 미국에서는 「캐슬 독트린」보다 더 정당방위의 범위를 확대시킨 「스탠드 유어 그라운드(Stand Your Ground)」법이 나왔어요. 해석하면 '물러나지 말라.'는 뜻이에요. 생명의 위협을 느낄 경우 집은 물론이고 바깥 어디서든 정당방위 차원에서 총기 사용을 허용한 법이에요. 이 법은 '생명의 위협을 느낄 경우'의 해석을 두고 많은 논란을 빚었어요. 생명의 위협은 해석하기 나름이기 때문에 악용될 소지가 많았기 때문이에요. 그동안 이 법에 대해서는 적용 범위가 넓고 인종 차별로 악용될 수도 있다면서 축소하거나 폐지해야 한다는 주장이 많았지만 미국의 20개 주 이상에서 시행되고 있어요. 미국은 총기 소지를 허용하기 때문에 정당방위의 범위를 조금 넓게 적용하고 있다고 볼 수 있어요.

우리나라에서는 상대방이 먼저 폭력을 행사했다고 하더라도 소극적으로 방어하거나, 최소한 상대방의 공격보다 낮은 수위로 대응해야 정당방위를 인정받을 수 있어요. 물론 정당방위의 범위를 너무 넓게 규정해도 문제가 되겠지만 현행 우리나라의 정당방위 규정을 보면 조금 애매한 부분이 있어요.

위험하고 긴급한 상황에서 냉철하면서도 합리적인 판단을 내리는 사람은 거의 없을 거예요. 자신을 공격하는 상대방이 무서운 사람인지, 힘이 센 사람인지, 무기를 지닌 사람인지 전혀 알 수 없는 상황에서 최소한의 방위만 하라는 것은 매우 비현실적인 조건이기 때문이지요.

정당방위 조건에서 방어 행위가 사회 통념상 허용할 수 있는 수준이어야 한다고 말했는데, 그렇다면 사회 통념상 억울한 사람이 없도록 정당방위 조건을 적용하는 것도 생각해 보아야 하지 않을까요?

정리 노트

▶ 「형법」 제21조에는 정당방위에 대해 '자기 또는 타인의 법익에 대한 현재의 부당한 침해를 방위하기 위한 행위는 상당한 이유가 있는 때에는 벌하지 아니한다.'고 규정하고 있다.

▶ 우리나라에서 정당방위를 인정받기 위해서는 세 가지 조건이 성립되어야 한다. 첫째, 현재의 부당한 침해가 있어야 한다. 둘째, 자신 또는 타인의 법익에 대한 방어 행위여야 한다. 셋째, 상당한 이유가 있어야 한다.

▶ 법원에서 쌍방 폭행을 정당방위로 보지 않는 이유는 싸움의 경우 가해 행위는 방어 행위인 동시에 공격 행위의 성질을 가지고 있기 때문이다. 두 사람의 싸움은 방어 행위가 되면서 동시에 공격 행위가 되기 때문에 정당방위가 성립되지 않는다. 정당방위가 되려면 방어 행위만 있어야지 공격 행위가 있으면 안 된다.

참고
문헌

• 김광민, 『대한민국을 발칵 뒤집은 헌법재판소 결정 20』, 현암사, 2019.

• 김영란, 『판결을 다시 생각한다』, 창비, 2015.

• 김용국, 『판결 vs 판결』, 개마고원, 2015.

• 박동석, 『세상을 바꾼 재판 이야기』, 하마, 2020.

• 박형남, 『재판으로 본 세계사』, 휴머니스트, 2018.

• 전국사회교사모임, 『사회선생님이 뽑은 우리 사회를 움직인 판결』, 휴머니스트, 2014.

• 허승, 『사회, 법정에 서다』, 궁리, 2017.

• L. 레너드 케스터 · 사이먼 정, 『미국을 발칵 뒤집은 판결 31』, 현암사, 2012.

• L. 레너드 케스터 · 사이먼 정, 『세계를 발칵 뒤집은 판결 31』, 현암사, 2014.

• '대한민국 법원 종합법률정보(glaw.scourt.go.kr)' 홈페이지 내 판결문.

• '국가법령정보센터(www.law.go.kr)' 홈페이지 내 헌법재판소 결정문.

 세계는 내 친구 시리즈 3

헌법재판소의 '결정'과 대법원의 '판결'

우리 사회를 바꾼 결정과 판결

1판 1쇄 펴낸날 │ 2021년 10월 25일
2쇄 펴낸날 │ 2023년 8월 11일

글쓴이 │ 박동석
펴낸이 │ 김정희
펴낸곳 │ 하마출판사

출판등록 │ 2017년 6월 8일 제406-2017-000067호
주소 │ (10906) 경기도 파주시 와석순환로 61, 716-403
전화 │ 031-919-4331
팩스 │ 031-624-1254
전자우편 │ phhjk09@naver.com
ISBN │ 979-11-90521-44-4 43300